渡江战役

亲　历　者　口　述　史

渡江胜利纪念馆　编

南京出版传媒集团
南京出版社

伟大的渡江战役精神永放光芒

七十年前的4月20日20时，即南京国民政府拒绝在《国内和平协定》上签字的当日，人民解放军中路渡江大军按预定计划首先打响了渡江战役第一枪。第二天，毛泽东主席、朱德总司令发布了《向全国进军的命令》，命令中国人民解放军各野战军“奋勇前进，坚决、彻底、干净、全部地歼灭中国境内一切敢于抵抗的国民党反动派，解放全国人民，保卫中国领土主权的独立与完整”。由此，长江北岸，万炮齐发，人民解放军百万雄师在西起九江、东至江阴的1000余里的江面上，千帆竞渡，冲破敌阵，直捣南岸，这一历史上空前规模的渡江战役，揭开了中国人民解放军向全国进军的序幕。渡江战役是我军实施战略追击的第一个战役。战役从1949年4月20日开始，至6月2日结束，历时43天。人民解放军以木帆船为主要航渡工具，采用江河进攻战、陆地追歼战、城市攻坚战三种作战类型相结合，一举突破了国民党军队苦心经营多年的长江防线，彻底粉碎了国民党反动派凭借长江天险，实现“划江而治”的图谋，歼灭了国民党军约43万人的重兵集团，解放了南京、上海、杭州、武汉、南昌等城市及广大长江以南地区，为随后解放华东全境和向华南、西南地区进军创造了重要条件。

渡江战役之所以能在最短时间内坚决、彻底、干净、全部地歼灭江防敌军，取得空前的伟大胜利，除了党中央的英明领导、人民群众的大力支持外，还与广大指战员以及广大民众身上所体现出来的革命精神分不开。这一精神内涵十分丰富，既是对中国共产党在新民主主义革命阶段形成的红船精神、井冈山精神、长征精神、延安精神、西柏坡精神、铁军精神的传承和弘扬，也具有渡江战役中形成的独特的革命精神。渡江战役，是我党“将革命进行到底”战略方针得以贯彻实施的生动体现。没有渡江战役，就不能彻底推翻国民政府的统治，不能彻底结束中国的半殖民地半封建社会性质，新民主主义革命就不能取得彻底的胜利。因此，将革命进行到底的革命英雄主义精神是渡江战役精神的重要内容，它以爱国主义为核心，军民团结为中坚，解放全中国、解放人民为主题，蕴含着彻底革命勇往直前的革命精神、排除万难奋勇争先的拼命精神、无所畏惧不怕牺牲的舍命精神和坚定信念夺取胜利的立命精神。作为一种精神，它已经融入中国共产党博大精深的精神系列之中，铸入中华民族的血脉之中，成为坚定正义事业必然胜利的信念！

渡江战役是一场伟大的战役，挖掘探析这场战役所蕴含的革命精神有着非常重要的价值意义。习近平总书记多次强调：“历史是最好的教科书。”“对我们共产党人来说，中国革命历史是最好的营养剂。”渡江战役已经过去70年了，当年的参战者、亲历者健在的不多了，运用历史人物口述的方法，来抢救和记录那场波澜壮阔的渡江记忆，穿越时空隧道，感受人民军队的历史辉煌，具有十分重要的意义。口述历史作为史学研究的一种方法，近年来得到了较快发展。从21世纪初开始，中央党史研究室及各省党史研究室也普遍采用这一方法来征集党史资料。口述历史的魅力，体现在一个个“小”真实的基础上呈现出来的“大”真实。有时纵使千言万语的文字记录，也抵不上简短的一刻钟录音、短短的一小段录像。历史资料与当事人的相互佐证，是口述历史经得起历史检验的关键。亲历者口述的渡江战役中的一些关键环节和引人入胜的事例，通过通俗、简明、生动、写实的手法呈现，能够让广大读者重温这场激动人心的战役，深切感悟渡江战役精神的强大力量，接受一次深刻的爱国主义和革命传统教育。

今天，我们倾听和铭记那段波澜壮阔的历史，为的是一种传承，一种传承后的发扬，一种发扬后的开拓，开拓中华人民共和国的灿烂明天。虽然今天时代变了，条件变了，但中国共产党人为之奋斗的理想和事业没有变，渡江战役所体现出来的将革命进行到底的革命英雄主义精神仍然闪烁着光芒。习近平总书记曾指出：“理想之光不灭，信念之光不灭。”2016年12月30日，习近平总书记在全国政协新年茶话会上发表重要讲话，强调大力弘扬愚公移山精神和将革命进行到底精神。2017年2月13日，在省部级主要领导干部学习贯彻十八届六中全会精神专题研讨班开班式上，习近平总书记要求全党发扬将革命进行到底精神，一刻不放松地解决自身存在的问题，始终跟上时代、实践、人民的要求。他在党的十九大报告中，号召“全党同志一定要永远与人民同呼吸、共命运、心连心，永远把人民对美好生活的向往作为奋斗目标，以永不懈怠的精神状态和一往无前的奋斗姿态，继续朝着实现中华民族伟大复兴的宏伟目标奋勇前进”。习近平总书记为什么多次强调这种精神？新时代，要实现“两个一百年”奋斗目标和中华民族伟大复兴的中国梦，要将中国特色社会主义伟大事业推向前进，仍要进行具有许多新的历史特点的伟大斗争，必须戮力同心、排除万难、前赴后继、永不言弃。新时代继承和弘扬渡江战役精神，需要在以习近平同志为核心的党中央领导下，始终保持党同人民群众的血肉联系，始终为党和人民事业艰苦奋斗、不懈奋斗。只要包括渡江战役精神在内的中国精神在，魂魄就在，力量就在，生机就在，一个由这样精神灌注的党，一个由这样精神灌注的国家和民族，必定无往而不胜。必将如历史上的渡江战役一样，使“两个一百年”奋斗目标和中华民族的伟大复兴得以胜利实现。

中国人民解放军陆军工程大学首席教授　钱振勤

目　录

时　间：2011年3月19日

地　点：安徽省合肥市

采访人：钱文胜、骆佰松

整理人：胡彤

马毛姐

我们一定要把解放军送过江

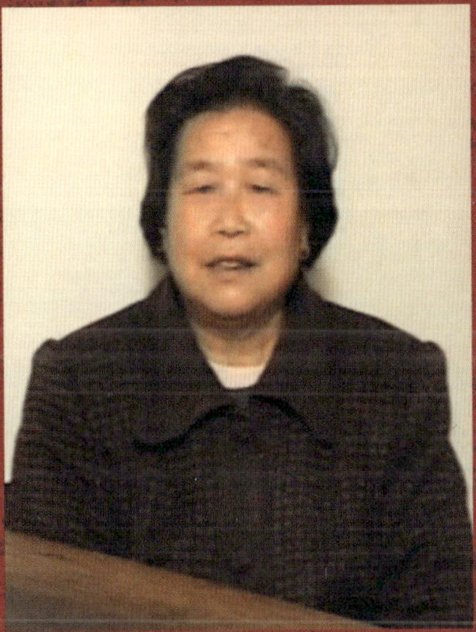

马毛姐，时为安徽省无为县船工

1949 年 1 月，我们家解放了，那时候家里穷，解放军给我们分了田，还给我们送粮食、衣服。有一天，我发现好多人在看一个布告，我也去看，那时候我不识字，就问："你们在看什么东西啊？"他们说解放军要动员船过江。我心想，我家有船，我不能去报名嘛。我问了报名地点就回了家。回家以后，我就找大哥，大哥和我一起到窑沟报了名。我们这里哪家有船，哪家没船，我们都晓得。有的人家把船沉到了水底，我和大哥还有婶子就到水里摸船，摸到了，把上面的泥土清理掉，把里面的水排掉，船就漂上来了。当时有人讲，长江被敌人封掉了，送解放军过江不容易。我说这是毛主席叫我去的，我们一定会把解放军送过江的。

报名渡江第一船

快到要过江的时候，解放军召集水手开会，一个首长站起来讲，毛主席下了命令，就在这几天要过江了，过江需要突击船，问我们有没有人自愿报名参加突击。我看看大哥，然后往前站，说："我家小船自愿报名参加突击船。"解放军看了看我，说："哟，这个小姑娘不但不怕，还报名做第一条船。"在我的影响下，有 3 条小船也报名了。我们共 4 条小船组成了突击组。这 4 条小船过去了，后面的船就平安了。那时候我只想不管怎么样，一定要把解放军送过江，把敌人消灭掉。

渡江先锋

4 月 20 日下午 4 点钟，解放军叫我们把小船往大江里开，江边好多芦苇，我们就开到芦苇里面去。等到天黑了，大概 8 点多钟，解放军都上船了，正好上了我家船。他们看我个子矮在后面拉舵，就问：“你这个小鬼在船上干什么？”我说送你们过江。解放军说：“你在船上送我们过江，那不行。”我说：“我报名第一条船，现在叫我上岸，我可不上。”解放军说：“好啊，你不上岸，我们就不上你家船了。”我一想，要是他们不上我家船，渡江会少条船，于是我就上岸了。过了一会儿，解放军命令开船了。我想这怎么办呢？正好手里有个篙子，我想我不能撑篙子上嘛。这时候，我把篙子往江里一插，牙一咬，跳到后舱。我一下子倒在后舱没站起来。解放军上船以后脸朝着船头，没发现我。我大哥这时候把船帆拉好了，到船后面来掌舵。我怕他讲话让解放军知道，把他嘴巴捂住，告诉他，千万不能讲，让解放军晓得了又把我送下去。我大哥点点头。船开到江中，敌人的机枪大炮一起向我们开火，还有飞机，向我们小船打，4 条船打沉了 2 条。我们有的掌舵，有的把船帆拉起来，顺着风过了江。过江以后，大家都讲毛主席有福，每次过江，总是江南往江北刮风，今天江北往江南刮，船帆一拉，顺风就过去了。

到了南岸上，岸很高。我让大哥扶着梯子，我带两个爆破手去炸碉堡。修碉堡的时候，我们都知道，所以我熟悉情况。我引着两个解放军向碉堡前进，快到跟前的时候，前面的爆破手被打伤了，我往前一趴，另一个解放军冲了上去，把碉堡炸毁了，后面的部队一起冲上来了。敌人有的投降，有的向南跑，解放军追了上去。我们还要运送解放军，就往回走了。

回去的路上，看到老远的一个人影在爬，仔细一看他头上的帽徽子，心想不得了，这是敌人，再往那边看，是挺机枪。我一看是机枪，让敌人这样打，好多解放军要受伤。这时我手

马毛姐叙述当年渡江情形

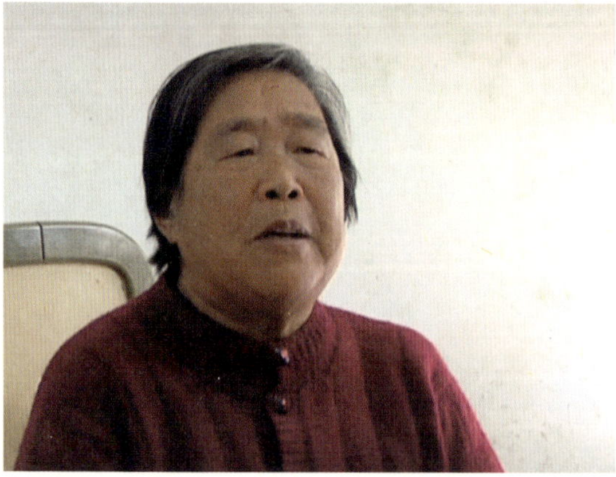
马毛姐接受访谈

上捧着一颗手榴弹，心想，不能摔出去把他炸死嘛。这样我就慢慢往前爬，盖子一拧，牙关一咬，眼睛一闭就摔出去了。摔过去后，看看对方不动了，我跑上去发现他鼻子不出气了，才知道他被炸死了。那挺机枪是重机枪，轻机枪我能扛动，重机枪扛不动。我去喊大哥，他看我才回去，还埋怨我说："你腿炸断了么，怎么搞的？你怎么到现在才回来啊？"后来我大哥就把机枪扛了，解放军浩浩荡荡上来了，我们把机枪送给了解放军。

那天晚上，我们来回六趟运送解放军，完成了渡江任务。当时，什么死啊，饿啊，一概想不到，只想到把解放军送过江、把敌人消灭了，我们穷人才可以过好日子。

毛主席为我取名字

1951 年，毛主席请我们到北京参加国庆节观礼。我得到了毛主席的接见，晚上参加宴会，之后还被邀请看戏。看戏的时候，毛主席问我叫什么名字，我说我没有名字，家里叫我三姐。毛主席说英雄怎么能没名字呢，他递给我一个本子，上面写着：毛姐，好好学习，天天向上。回来以后，老师给我加个马，叫马毛姐。

毛主席派人给我做了两套衣服，我舍不得穿，妈妈特地为我买了个箱子，把毛主席给的本子、笔、两套衣服，一起装在里面。遗憾的是，1954 年发大水，箱子被冲走了。

时　间：2011 年 3 月 18 日
地　点：江西省景德镇市军分区干休所
采访人：钱文胜、骆佰松、封丽、许俊
整理人：宗旸

公茂伟

打过长江去

公茂伟，时任第三野战军第 8 兵团第 26 军第 76 师第 228 团第 1 营第 3 连第 3 排排长

战前准备

1949 年初淮海战役结束后，解放军直压长江北岸。我们驻扎在安徽定远休整。其间，国民党要和我们和谈。那时候，毛主席提出：第一条：要蒋介石承认是头等战犯；第二条：国民党要无条件投降……如果国民党没有和谈诚意，人民解放军将立刻渡江。

渡过长江

当时我们属于第 8 兵团，司令员是陈士榘。我们计划从浦口渡江，直接进入南京，那时候好多部队都驻扎在浦口等着渡江，我们于是改变了计划，从浦口往扬州走。到了扬州附近的杨家营，发现这里驻扎有国民党军两个营，都是汤恩伯的部队，河南人多。我们部队当晚就把这两个营消灭了。

解放无锡、苏州、杭州、上海

渡江那天晚上，我们在江阴的对面，那么是哪支部队先渡江的呢？是 20 军。从 1946 年 9 月中旬起，毛主席就把新四军、八路军变成了中国人民解放军。20 军先渡江，我们紧跟其后。大军过江后，先解放了江阴，接着解放了无锡、苏州，又向杭州进军。杭州那里已经有我们的部队驻扎了，我们紧跟其他部队到了杭州。杭州一解放，我们掉过头来，准备打上海。打上海要先打昆山，昆山有国民党的两个团。我那时候是副连长，渡江前我是排长。一晚上，我们连就把国民党两个团消灭

“渡江先锋连”的船队在我军各种炮火的掩护下，顺利地突破敌人阵地

了，他们军心已涣散，我们还没怎么打，他们就败了。昆山的敌人被歼灭后，我们开始打上海的外围。上海战役主要是在外围，攻打外围的战斗相当艰巨，相当难打，都是过去日本人修的工事，钢筋水泥的碉堡。战壕是弯曲的，碉堡和战壕互相掩护，打上海打了将近半个月，就是在外围。我们的武器也没有现在先进，完全靠人。要想消灭一个碉堡，起码要牺牲三到五个人，没有三到五个人，拿不下这个碉堡。大家集中火力，把敌人的火力压下去，全力掩护一个战士去炸碉堡。我们营负责绑炸药，把绑好的炸药送过去。有的送过去一个，上不去，两个，上不去，三个……最后才上去。炸药送上去以后，敌人给你推出来，结果炸弹在碉堡外面爆炸，所以打碉堡牺牲了好多人。炸掉一个，再打下一个，就这样一个个的碉堡被炸掉了，到最后敌人没有战斗力了，我们的部队就攻了进去。

英勇负伤

碉堡被打掉以后，部队就往上冲，大部队也往里进。就这样在外围一直到吴淞口，过去叫江湾飞机场，整个地方都是工事。我们部队打了七天七夜。打国际电台那天晚上，我带了一个排冲进战壕里面，我负伤了。伤的是头部，敌人用炮弹打的，当时我就昏了过去。再醒来已经在医院了，我们的师长、团长来慰问我。我住了两个来月的院，伤好了就出院了。出院后，我们住在南京路。当时部队打进上海，都在南京路休息。那时候部队都是打绑腿，在泥里头打了半个多月，身上全是泥巴，吃不上穿不上，还天天下雨。行军一天一般要走 90 里路，南方特别是四五月份下雨多，到处是泥巴地，又没雨具，我们穿的都是布鞋，走起路来相当困难。

部队在南京路上住了半个来月，后来部队多了，就住在马路上，老百姓的房子都不能住，这是三大纪律八项注意。后来我们部队撤到江湾飞机场，现在叫五角场，就在复旦大学那儿，在那个地方住了将近大半年。

兵败如山倒

在昆山时，我们消灭了国民党两个团，所有人员全部俘虏了。他们没有抵抗力了，战斗很顺利。渡江过后，国民党兵败如山倒，能跑的跑了，能走的走了。除了在上海打得难一点，其他地方的国民党军队没什么战斗力。

学习游泳

渡江前，我们部队会游泳的不多，北方人都不太会游泳。我们提前十几天到了岸边，跟老百姓学习划船、学习游泳，我学了，但是没有学得太通。那个时候当兵就是不怕死，为了革命，不计较这个那个。

革命友情

战友和战友之间的革命感情就是不一样，不讲你的我的，你有了困难我帮你，我有了困难你帮我，一切为了一个目标。部队行军的时候，背行李、扛枪，都互相

4 月 21 日黄昏，渡江部队按作战方案登船待命

帮助。负伤的找担架抬着，抬着也不能让战友掉队。吃东西的时候再困难，自己不吃也让病号吃。有人负了伤，大家全力以赴地抢救。打仗时，在北方都是吃饼、吃馒头，一般都准备三到五天的，有的时候，干粮吃完没有吃的了，相当困难。

时　间：2015年9月12日
地　点：总参干休所
采访人：黄晨、陈悦、孙鹏、符娟娟
整理人：郭舒姝

吕哲

从渡江到进上海

吕哲，时任华东野战军特种兵纵队特科学校坦克队机务员

我是华北联大政治学院毕业的。毕业以后，1947年春天分配到华东野战军遂宁学校，大概待了两个月，就准备把我们分到部队，分配我做战场摄影记者。后来相机还没拿到手呢，情况就变了，说我们缴获了国民党的坦克，正好坦克部队缺人。我学过通信，于是调到了坦克部队做机务员，机务员主要负责机器修理，保证机器不出问题。

登陆南岸

渡江战役的时候，我在华东野战军特种兵纵队特科学校。特科学校里面本来是有一个坦克队的，那个时候还没有组建团、师，所有都在一个队里，从山东那边过来。渡江的时候，我们跟坦克兵一块儿过江。当时，坦克兵属于特纵特科学校管理。攻打南京的时候，坦克兵先走，我们后走，坐汽车。我们火力很强，交手以后，国民党部队挡不住就跑了，他们一跑就没有战斗力了，所以渡江战役的伤亡不如想象的那么大。我们不是在南京浦口正面登陆的，好像还往上游一点，那个时候好多路线，工兵、步兵，还有坦克，大部分的坦克是从浮桥上开过来的。

上海接收

到了上海之后，我们部队住在国民党的海军营房。我们在那里住了将近一年的时间，参加上海军管会接收。我们是技术人员，车、坦克这些当时都学了，开车没什么问题。我被分配开一辆水陆两用指挥车，履带式的，在黄浦江里接收水陆两用坦克、水陆两用汽车，还有水陆两用指挥车。国民党有一个坦克团在九江码头，上不了船了，就没跑掉，坦克已经发动了，但还没熄火。坦克兵预备队不敢上，不知道里头有没有人，怕里头有人甩出个手榴弹就麻烦了，结果侦察员上去以后发现没有人，最后我们部队就把那个坦克接收回去了。

守卫上海

那时候，我们条件很艰苦，没有鞋子穿，都穿草鞋，遇到下雨天就难受了。在九江码头到四川北路这一条线上，摆了几千辆国民党的军车，我们看见箱子一个一个堆在一块儿，上面全是他们军官的东西，行李、皮鞋什么的。他们怕我们来运这些货，但我们什么都没动。我们一直光着脚，纪律就这么严。外面下大雨，我们也没进老百姓家，只是支上帐篷，真的很严。上海是有名的大城市，那时候是亚洲的金融中心，比香港还高，搞坏的话肯定不行，所以保护城市这一方面我们特别重视。

吕哲接受访谈

冲上岸去

不拼就取得不了胜利

作为新兵，我一开始上战场的时候，还是有点畏缩，但是打完两仗之后，就不考虑这个问题了，没有时间考虑。我刚入连队的时候，我们指挥连 8 排加强连 100 多号人。连长说，人人都要上前线。拿起枪以后，你就知道上战场就得冲。战争就是拼，不拼你就取得不了胜利。

时　间:2015 年 9 月 11 日
地　点:总参干休所
采访人：黄晨、陈悦、孙鹏、符娟娟
整理人：沈利成

吕仁善

老师带我进解放区

吕仁善，时任第 35 军第 104 师第 313 团卫生员

我们当兵的时候，是由老师带出来的，当时我年龄最小，一共带出来 16 个人，其中有 14 个到了山东沂蒙山解放区。

在医院当小兵

沂蒙山是老解放区，日本人不太敢进。我被分到医院，开始的时候，不叫战士。医院分卫生员、看护员、医务员。政治干事叫公务员、指导员、教导员。

我的工作就是三件事。当时，我年龄小，个子很矮，做统计工作。伤病员下来以后要去问，叫什么名字？家在哪里？多大年龄？什么时候受的伤？就是这个事，然后我把这些记下来送给部队，把他们分走，这是一个工作。还有一个工作，病员来了要吃饭，我负责帮他们登记哪个人吃什么饭，跑到伙房告诉炊事员，然后再告诉看护员，告诉他们吃什么，打鸡蛋汤啦，又是什么饼和馒头，我负责这个。第三个，很多伤员来了之后就牺牲了，我负责在山区做木头板子，把他们的名字写上墓志铭。

学医当卫生员

在那里，我干了一年就上学了，去了医校。1948 年，我参加了莱芜战役、济南战役、淮海战役，然后是渡江战役。这段时间我的工作就复杂了，因为我学过医，开始当卫生员，给病人、伤病员换药、送药、敷药，跑跑腿。我们年龄小，跑腿快。淮海战役以后，我的工作就变了，到了药房，在药房里制药。制什么药呢，就是现在打的葡萄糖盐水，就做那个。我负责在那儿烧日本人留下的大蒸馏器，烧完以后配在药瓶子里。淮海战役时，我负责这个工作，战役结束后我立了二等功。

渡江战役的时候，正好是 4 月 23 号，年龄到了，我就入党了。35 军是两个部队混合的，一个部队是我们八路军，叫鲁中南纵队；一个是起义的吴化文部 96 军。淮海战役之后就把他们整编了，整编以后叫 35 军。96 军当时已经不成军了，104 师 313 团原来是国民党的团。我渡江以后被抽调上了前线，跟了 313 团，其实就是支援 313 团。军部下来以后，我还是做药，量量东西，制点生理盐水，负责包装，从国民党部队缴获的战利品要分给病人。当时我们有四五个人就干这件事。

坐船过江

当时 35 军 104 师 313 团，一个团 1000 多人，都从江北一起渡江，在板桥登陆。八字山、老虎山这一片对面是江北，方圆几十里路，机帆船一下就过来了。渡江的

第 16 军第 46 师的两个突击团准备强渡

时候，我们是第一批，用的是机帆船。小的汽船，那时很少见。当时有个火车从上海过来，要坐轮渡过去，带着装备。那个时候民工很多，老百姓帮着我们抬上船渡江。当时战斗打得很激烈，铁路两边死了很多人，受伤的人在江边上叫的、喊的，谁也救不了谁，各走各的路。我们跟着前面带队的走，过江以后就没事了。

我们是第三条船。第一条船过江的是机关里的干部和侦察兵，作战部队都上岸了，我们是后方，于是就在最后。船上坐的人不多，船比较小，人挤人。江面比较宽，机帆船是烧煤的船，速度还是比较快的，按照现在也就是十来分钟一趟。我们过江不久就进了挹江门。那个时候八字山，听着还有枪声，后来我们才知道，是土匪特务打的。

住在中央医院

我记得清楚是 4 月 23 日晚上 11 点多钟，天下着小雨，那时候不像现在有路灯，看不太清，隐约能看到老百姓的房子，从中山北路一直走到现在北京东路的保泰街，然后南京地下党带着我们从大行宫那条通到马鞍山的小铁路到了总统府。当时大概是早上五六点钟，他们领着我们进去以后，待了大概不到两个小时，在里面转来转去看看。天刚刚亮，我们到了中央医院，一直待到白天，在中央医院吃的中午饭。

我们后方机关没有枪没有炮，带的保障东西比较多，都是民工抬着、挑着，担架是两个人抬着的，一个担架三个人，换着休息。我们后方跟逃难场差不多，什么都有，挑担的、走路的、推小车的。东西也多，到处是药品、布匹。布匹有两个作用，一个是受伤以后包扎用，另一个是战士牺牲了以后要用布包起来、裹起来，一张二尺布，当时不像现在这么宽，棉花带的也很多。我们后方部队不像作战部队稍息立正、拿枪拿炮，我们没有枪、没有炮，我们的工作就是挑着蒸馏器、药品，没有保障不行。

恢复秩序

到了总统府后，接着到中央医院，现在逸仙桥那一带。那个时候桥很小，是木头桥。我们三五个人一组，到了大行宫，就不往前走了，当时没有人，南京老百姓都不敢出来。

第三天有人出来了，拉黄包车的、挑担子的、卖东西的。我们在医院里面也没有房子住，清理一下日本人用作仓库的铁皮房，铺点东西就在那里过夜。

前往金华

在南京，我们待了大概十来天，接着部队继续前进。到杭州有车，缴获国民党的那些车可以开。坐一段车，走一段路，我们到了余杭。在余杭的一个邮电学校住了一段时间，留下一部分作战部队后继续前进，我们从杭州坐火车到了金华。到了金华后，任务是剿匪、筹备粮食，给后方部队做准备。他们来了要吃饭，要给他们筹集东西。我们部队当时优待国民党士兵，起码给饭吃。回家，就给路费，虽然路

1949 年 4 月 24 日，解放军部队进入挹江门

费不多。想继续当兵的就当兵，给换军装。我们的军装是很多的，当时解放区做的土棉衣，套上就行了，非常暖和，也能当卫衣。国民党大部分士兵都愿意收容。那个时候把国民党帽徽一摘，帽子还继续戴，暂时没有衣服的，还继续穿原来的衣服，时间不长，很快就可以换掉，因为穿那个总归不合适。

时　间：2015 年 9 月 12 日
地　点：总参干休所
采访人：黄晨、陈悦、孙鹏、符娟娟
整理人：杨学功

朱达应

难忘鱼水情

朱达应，时任第 10 兵团第 29 军军部医疗 3 队队长

渡江的时候，我们船上一共三个人，一个是船工，一个是个连长，我当时是军队的医疗队队长。我讲两件事：一件是我们医疗队在渡江时碰到的一些问题；第二件是没有姜堰石牌岗老百姓的支援，我们是完不成任务的。其中有很多让我们流下眼泪的事。

石牌岗的群众

当时我是第 10 兵团 29 军军部医疗 3 队的队长，我们是从靖江的新港渡江的，那是一个码头。我们部队从那里走的，医疗队也是从那里走的。部队是 21 号晚上走的，我们是 22 号 6 点从新港出发，上午 10 点到达石牌岗。

我们一个队坐在一条船上。那条船很大，我们有上百人，光医务人员大概就有 40 多个，还有其他人员。我们上船的时候是东北风，从新港向西南吹，顺风顺水。但是走了一个多小时以后，就不行了，风好像转向了，大桅要掉下来了，这是一个情况。

大概 8 点多钟，敌人飞机也来了。我们前面有两条船，船上坐的同样是我们军队的后勤，他们是装粮食和弹药的。我们这条船相比之下，比前面

采访朱达应

的那两条船要小一点，前面两条船目标比较大，又靠在一起，所以飞机就把其中的一条船炸沉了。

第二个情况是到南京突围的军舰。这个船是英国人的船，它往长江口突围，离开南京，向江阴走。我们是向江阴这边来，多少受到这个情况影响。尽管它要逃命，根本顾不到我们，我们又是小船，但是这个对部队的士气有影响啊。受到低空的轰炸、突围的外国军舰的影响，大家精神都很紧张，好在我们还是10点钟按时到达石牌岗登陆上岸。

刚一上岸，我们就组织搬东西——医疗器械啊、药品啊，往上搬。我是医疗队队长，下面有几个管理员。我事先叫一个姓朱的管理员赶快到石牌岗，把房子分一分。手术室放在哪里啊，接伤站放在哪里啊，患友室放在哪里啊，让他协商安排这些房子。可是10点钟左右我们上岸到这个庄子时，朱管理员一肚子不高兴，说一家门都没叫开，老百姓不开门。

船工们演练升落帆的快速动作

没有叫开门，粮食就筹备不了，什么都没有。我纳闷这怎么回事呢，老百姓听到我们过江应该很高兴啊。他告诉我情况的时候，有几个老乡在旁边看。我走过去，用地地道道的姜堰话告诉他们解放军就是1940年渡江的新四军，这次我们过江来是为了解放大江南北。我们在这边开设一个医院，救治渡江的伤员。老百姓听懂了，于是我说能不能把你们保长请来，我来跟他讲。老百姓很快就把保长找来了，我把这些话跟他一讲，他很高兴，几个人叽里咕噜讲着什么，就散开了。大概两个多小时，不到12点，老乡们都开了房门。我们的房子呢，那个主管给我们分好了，那个时候都是睡地铺，打地铺的稻草都搞好了，这个时候伤员陆陆续续来了。我们忙了一下午，收了130多个伤员。我们过来的时候没有粮食，老乡开了门，买了粮食。一直到晚上，伤员还在陆陆续续地来。

我们这个军是从长江东段渡过长江的，伤员比较多。老乡们来了以后，我们队里有个指导员就找这个地方的保甲长给他们做工作，详细地跟他们讲我们是干什么的。老乡非常支持，他们知道我们是过去渡江的新四军嘛，我们家乡也可以说是长江边上的老根据地了嘛。伤员来的时候，老乡自动地把这些伤员弄到家里去。最感动人的是一对新婚夫妇，把血糊糊的伤员抬到他们家，摆到他们喜床上。我很感动，很多伤员都感动得哭。到了晚上怎么办？晚上我们在江边，四月份天气还是很冷的，肩头冻得无法用语言形容。战士没有棉被，都是老乡拿自己的棉被盖的。第二天的7点多钟，我们开始转移，部队占领了江阴以后，我们向无锡、苏州、上海进军。医疗队在这里停了两天，24号上午把伤员全部都转走了，不是转移就是移交了，因为我们兵团有后方医院，他们有技术，我们只是医疗队。渡江离不开人民群众的支援。我们一共收了300多伤员，没有石牌岗老乡对我们的支援，我们哪能接收这么多伤员。手术室要开刀，开刀就需要汽油灯，一般的灯没有用的，那个时候没有电，几乎家家都把马灯拿来了。渡江部队勇敢是一回事，没有人民群众的支援肯定是不行的。

24号上午医疗队走的时候，很多老乡都来送我们，原先对石牌岗老百姓产生误解的那个姓朱的管理员流着眼泪站在高坡上，说石牌岗的老乡真好！当时我们确实也是很感动，如果没有这些老乡的支援啊，就靠我们三四十个医务人员、十几个工作人员，要想把这300多个伤员处理好，根本不可能。吃的、住的、用的，特别是老乡基本上都是把伤员抢到自己家里去。一个人家都可以放三个五个的，尤其是那对新婚夫妇对我们教育很大。

在特殊的年代，大家的精神力量也是很强大的，都一起为了新的生活嘛，一起去奋斗。我们要提倡搞好群众关系、维系群众关系，在群众路线交流的时候，我们讨论的时候也讲这些东西，特别是讲政府，过去的政府人员和军队亲密得很，不能说是谁领导谁吧。地方县长也好、区长也好，我们部队排的干部、连的干部，都是很亲的。毛主席讲的嘛，军民团结如一人，试看天下谁能敌。军民关系搞不好，没有群众支援，部队再勇敢恐怕也是够呛。

渡江之后

我们渡江以后，继续向无锡进军。组织上批了我两天假，24号中午，我回了趟自己的老家。我骑着马进了我们村子，看到我母亲，没一个人敢认我。为什么呢，因为我的父亲1941年攻打东台唐自镇时牺牲了，姜堰做秘密工作的地下县政府给我们家送了一个叫死亡报告的东西，说我父亲和我都牺牲了，还送了十块大洋的抚恤金，所以我母亲、我们家乡的人都认为我父亲和我都死了，所以她不敢认，这是第一。第二呢，我走的时候才13岁，回家的时候22岁，又是标准的军人，一米七〇，又骑了马，很神气，母亲不敢认。当时我就跪下来叫妈妈，我说：妈妈，我是毛头。我小名叫毛头，因为我生出来的时候一头的乌发，所以我的奶奶就给我取这个小名叫毛头。我说：妈妈我是毛头，我回来了。只有妈妈才知道我的小名，她一把抱住我。我第二天早上就走了，因为总觉得在家里见了面就行了。见到了奶奶，见到了妈妈，见到了家里的人。部队到了无锡，无锡没有战斗，国民党就逃了，逃往苏州。我们部队在无锡住了两天，赶到苏州，苏州也没有打，敌人都撤离到上海去了。

国民党所有部队都撤退到上海去了，接着我们就开始打上海了。我们医疗队在上海，专门收吴淞和月浦的伤员。伤员收的很多，有1500多人。

打上海的伤亡比较大，因为苏州、无锡基本上没有打嘛，敌人把所有的部队集中在上海。敌人的碉堡很多，有的是地下碉堡，根本看不出来，像梅花桩一样的，东一个西一个。另外他们也是拼死拼活打的，没有退路咧。我们医疗队在手术室里，光开刀就站那儿七天七夜，腿都坐不下来，就一直站在那儿。伤员太多了，也没办法休息，最多是坐着吃顿饭，除此之外整天就是站，我们医疗队为此受到军里通报表扬。

感人的战友之情

我们医疗队收的是86师的伤员。第29军86师256团的营长负了重伤，下来了，他带了一个通信员。这个营长叫作施宝富，通信员也负伤了。当时只有一张手术台空了，叫营长来手术，营长不干，他说你赶紧叫我的通信员，你们给他做手术，他是为了我负伤的。通讯员说不，给营长，营长为了掩护我负的伤。我们也搞不清楚到底谁掩护谁。时间有限，重伤员有生命的危险，谁先开刀，谁存活的概率就大一点。但是谁也不愿意先开，这就是战友之情。那个时候部队非常团结，不管是战士还是干部，真像亲人一样。我当兵的时候年纪小，按理说，连长的东西应该我来背，衣服我来洗。现实中反过来

船工宣誓把大军送过长江去

了，我的东西他给我背，我的东西他给我洗，就像是兄弟之间的关系。我的指导员真把我当小弟弟一样看待，干什么都照顾得无微不至，所以我当了个幸福兵。那时候官兵之间的关系很好。

时　间：2016 年 1 月 29 日
地　点：南京山西路干休所
采访人：黄晨、宗旸、陈悦、孙鹏
整理人：郭舒姝

朱恒怡

坦克渡大江

朱恒怡，时任华东野战军特种兵纵队战车团第 2 营营长

坦克成功渡江

南京解放的时候，我是跟着第二梯队的，大概 4 月底的时候。主要任务是运大炮和坦克，每门炮 3 吨，我们有 28 门，其中有 2 门椭圆的炮。另外，我们还有 15 吨的坦克。当时没有别的办法，就是用轮渡，特别大的那种，以前装火车都可以的，一次轮渡运一辆，6 辆坦克就这样一辆一辆运过去的。当时，没有专门的连接轨道，没有那个条件，就用撑杆撑着过去。我们队有两个坦克区队和一个坦克修理队，一共 90 多个人。每辆坦克 4 个人负责，驾驶员、副驾驶、炮长和车长。坦克车直接开上船，人就一直待在里面，等轮渡过江，靠了岸，再开下船。

入城式上

入城式的时候，坦克在新街口的广场上开，我也参加了。我在第三辆坦克上，站在车长的位置，看到马路两边都是人，非常热烈地欢迎我们，朝我们挥手，心里那是非常高兴的，信心很足，觉得解放南京之后再解放上海，全国也就基本解放了。解放南京的时候，国民党已经不堪一击，没有什么战斗力了，炮兵都没用上，步兵一冲他们就垮了，逃到上海去了，南京基本没怎么打。攻击江阴要塞我们用上炮兵了，两个团，因为射程远，渡江用得上。

待命苏州

1947 年，我组建了华东野战军坦克队，改编之后叫装甲旅。渡江之后，坦克

朱恒怡展示坦克模型

队没有驻扎在南京，也没有去上海，当时第三野战军有命令，上海的城市不易建设，不能用重武器，也不能用炮，怕把上海的电路打坏了，所以我们就开到苏州待命。后来上海解放以后，我们接收了一批坦克——美国水陆LVT，也叫“老水牛”，因为它可以在水里面走，也可以在陆地走。

时　间:2015 年 9 月 11 日
地　点:总参干休所
采访人：黄晨、陈悦、孙鹏、符娟娟
整理人：沈利成

刘作礼

情报和作战紧密相连

刘作礼，时为华东军区司令部情报人员

我在华东军区司令部做情报工作。情报工作，就是掌握国民党军队的情况，国民党的军队什么时候到，什么地方来，离我们这有多远，怎么去打他，国民党的部队下面有多少人，我们都掌握得一清二楚，不掌握清楚就不好打仗。

跟船侦察

司令部有专门的部队，和老百姓联系好了，都是老百姓开船。我们解放军不会开船，都是用他们的船。军区的人去的时候，我们跟着一起坐上船，搞侦察，我们的任务呢，就是掌握国民党军队的活动情况。我们和司令部在一起研究，司令部下达命令给作战部队。

情报和作战是连在一起的。有了情报，才能作战。军区有两个重要部门，一个是作战部，专门打仗的，另一个就是给作战部队提供情报的部门。

经受飞机轰炸

当时，我们没有飞机，国民党飞机很猖狂，知道我们是司令部，我们一出来，飞机就来轰炸扫射。我们上午一般都在房间隐蔽起来不出来，到下午估计飞机不敢来了，来了怕飞不回去，这时我们才出来。有时候，飞机来得早，我们部队一出来，他们就来轰炸扫射。我们都有经验，飞机一来扫射，我们赶紧趴在路边。空中高，飞机看不清楚，于是拼命往路中间扫射，而我们在路边上，飞机扫射不到。但有些给我们运作战物资的民工害怕，国民党飞机一来轰炸，民工吓得直跑。国民党飞机

待命出发的英勇舵手

扫射，打死很多老百姓。

军区司令部是首脑机关，不直接去面对面地作战，我们一般都是天黑了，估计国民党飞机不敢来了才开始走。那时我才十几岁，经常走一夜，有时候一天只睡一两个小时的觉。走到目的地以后，有战斗任务，你想睡觉都睡不了，但是习惯了，反正能挺过来。

小轱辘车推出来

解放战争中，老百姓给我们的支持太多了。当时用的是骡子，那时还没有那么多马帮我们运物资。老百姓也很穷，都是推小轱辘车。我们的作战物资，扛不动啊，也扛不了那么多，都是用小轱辘车推着，所以陈毅不是讲嘛，我们的解放战争是用小轱辘车推出来的。满路上都是运输队，武器弹药都是用轱辘车推出来的。

时　间：2011 年 3 月 15 日
地　点：山西省军区南京干休所
采访人：钱文胜、黄晨、周树林、骆佰松、史慧倩、封丽、崔灿
整理人：杨学功

纪鸣铎

从淮海到渡江

纪鸣铎，时任第三野战军第 10 兵团第 28 军第 82 师第 245 团宣传干事

向长江挺进

我们是从靖江八圩港渡江的，对面是国民党的江阴要塞。靖江没有打仗，当时还有一个据点在我们渡江以后就投降了。我们一路走，老百姓都欢迎，很热情。当时我想这虽然是国民党占领区，群众还是很热情的，以后了解到靖江是个老根据地。我们住在那里，部队就在那一直搞训练。那个时候蒋介石下野，副总统李宗仁代总统。蒋介石回到了浙江老家，实际上他还指挥军队。

渡江期间，我在第三野战军 28 军 82 师 245 团团部当宣传干事，当时我们的船

纪鸣铎接受访谈

都是江北老百姓提供的。

4月20日我们部队在靖江县，1营是突击队。团长、政委亲自去给突击队的战士挂红花，教导员、营长宣读渡江誓言。当时营长叫李建民，教导员是林玉辉。他们在全营面前进行宣誓，誓言是这样说的：蒋匪死党在我人民解放军严重打击之下已损兵折将、溃逃江南，现在正以阴谋伎俩玩弄假和平企图和谈，企图和缓我军南进，却在江南穷凶极恶地抓壮丁编入新军，阴谋卷土重来，屠杀、掠夺人民。我军为人民之师，誓与兄弟部队并肩作战，打到江南，彻底消灭蒋介石残余力量，以求实事求是的，以求实现真的和平。临江出征之士，保证坚决贯彻执行军师团首长一切渡江作战命令，特在毛主席朱总司令像前自觉向人民宣誓，第一，坚决服从上级命令，彻底完成渡江作战任务，在任何艰苦困难情况下肝胆沉着、顽强猛打，以我为主的首先突破敌人江防以求迅速歼灭敌人；第二，积极主动协同作战，在一定的情况下发挥机动灵活、各自作战精神；第三，加强政策纪律观念，不论进城与村，切实执行三大纪律、八项注意，城市政策和入城守则，真正做到秋毫无犯；第四，密切团结，巩固自己的力量，更坚决地去扫荡残敌；第五，克服任何自私自利、个人主义，一切为人民、为阶级、为战斗、为胜利而战。如违背以上誓言，要受党与上级的严厉处分。

那个时候部队士气很高，蒋介石主力都被歼灭了，大家很积极，准备打过长江去。

兵团开会，司令员、政委要求部队进城的时候要遵守纪律，对部队进行教育。部队进城之后都是一个班一个排一个连的，不能随便去哪，纪律都是比较严明的。

纪鸣铎展示画作

开始先到了苏州，在苏州住了一两天，撤出来到了苏州以北常熟农村，准备攻打上海。打下上海以后，敌人投降的投降，逃跑的逃跑，我们没进城。

渡江先锋

4月21号19时30分渡江开始。1营突击船拉开帐篷、桅杆，趁东北风就过去了。大概到了大江的中流，我们的炮火向敌人开打，敌人的炮弹也打过来。当船大概离岸还有500米时，敌人用机枪疯狂扫射，阻止我们登陆。我们的火器也一起开火。这个时候战士开始下水，江水达到了腰。3连5班的一个副班长，叫袁满生。他是第一个跳下水去的。一个组向敌人冲，冲到岸上去占领了一个地堡，缴获了敌人一些机枪，他是渡江英雄、渡江第一人。炮连5班一个战士，叫树华，大概晕船，他下了船，长江水湿掉了机枪。他咬着牙，用头顶着机枪爬到岸上去，占领了港口。全班战士猛烈地打击敌人，活捉了10个俘虏。登陆以后，由于部队太多，有一些战士联系不上原来的部队了。连长就说，要主动协同、并肩作战，失掉联系的都归他指挥。1连连长带着6班冲在前头，占领了两个据点，又组织了分散的战士100多名，一气追了敌人5里路，占了5个村庄，俘虏了敌人21军的1个营。1营和2营、3营配合起来，全歼敌人52军73团1营和炮连及其督战队。

渡江战役开始时，我们坐的船到江中间，我就感觉病了，身上很不舒服。一下船之后就好了，这其实是晕船。敌人有炮打过来，但没有大打，这是由于29军派了几个人在敌人专门封锁长江的江阴炮台做了工作。

纪鸣铎讲述渡江情形

靠近南岸的时候，船工说你们赶快下去，下去以后跳到水里游泳冲过去。2连2班是突击班，班长首先跳。敌人往下扔手榴弹，部队大概伤亡了一些。

我们渡过长江以后攻打申港，好几个人立了功。团长陈玉兴传达说奉上级指示南京的敌人向杭州逃跑，我们要赶快追击。当时已经下雨了，我们冒着雨去追。

渡长江、攻打申港等地，我们一个团俘虏敌人 5600 多人，打死敌人 746 人，同时投降 738 名，这个数字是我们团部统计的。缴获的武器有八二迫击炮 2 门、战防炮 2 门、六〇炮 10 门、掷弹筒 7 个、重机枪 11 挺、轻机枪 71 挺、冲锋枪 48 支、卡宾枪 25 支、步枪 1759 支、匣枪 79 支、手枪 99 支。再一个是弹药，山炮弹 90 发、迫击炮弹 160 发、六〇炮弹 701 发、掷弹筒 132 发、各种子弹 161380 发、手榴弹 700 枚。另外汽车 21 辆，电台、报话机、总机一共 11 部，骡马 34 匹，还有很多其他的没有统计在内。28 军渡江的荣誉单位有：244 团 1 营是渡江先锋营，1 营 1 连 1 班为渡江先锋班，1 营 2 连 2 班、2 营 5 连 2 班、3 营 8 连 3 班、1 营 3 连 4 班为渡江模范班。

时　间：2015年9月10日
地　点：总参干休所
采访人：黄晨、陈悦、孙鹏、符娟娟
整理人：沈利成

李仁璞

从无为打到上海

李仁璞，时任第9兵团第27军第81师第242团第1营通讯班副班长

渡江战役时，我是第 9 兵团第 27 军第 81 师第 242 团第 1 营通讯班副班长。

在河沟里训练

淮海战役结束以后，我从徐州到了无为县，有两三个月时间，在那里练兵，准备渡江。无为的对面是繁昌，当时船只都在河沟里面，练兵也在河沟里，上船、登陆，这么反反复复上啊下啊，就是练兵。在练兵的时候，营部领导经常到江边去探讨，看地形，究竟怎么摆放，观察前面的东西。首长每次到江边去，我都跟着他去，去观察，船只停在哪里，哪个连队在哪里，这些都是提前安排好的。

顺利过长江

渡江那天，就是 24 号那天，白天我们在练兵，晚上 10 点钟左右，部队集结在江边。我们赶到江边的时候，所有的船只都已经摆在江北，白天一艘船也没有，都是晚上从河沟集结在江边，等待步兵上船。这个时间很肃静，南边没有声音，我们江北这边也没有什么声音。我是通讯班的副班长，被派在突击连，为了在江上便于联络，我们用手电的灯光来打信号。出发时，江面很肃静，没有声音。

一声命令下来，船只也不分是不是突击连的，反正就是一起往前冲。这些船夫大部分都是外地的，有男的，有女的，有的夫妻两个人。我们当兵的每人一把小铁锹，在船舱上用力划船，就像赛船的一样，奋勇前进。在前进中，有一艘国民党的汽艇向我们打了几炮，没打中我们，就向海的方向开走了，再也没有回来。江南这个时间还是比较肃静的，我们很快就登陆了。3 连登陆以后，部队向前猛插，右手有一个山头，叫毛岭山（音），一个连先抢占这个山头，其他的部队跑步前进。过了江就是一条公路，我们顺着这条公路前行，走了大概两三里路，天不是太晚，那个时候已经不分连队了，都在往前涌。走在最前面的部队，发现公路的左边有人在活动。我们一枪没放，后来派了一个班过去查看情况。过去后发现，有 3 个国民党士兵并排着在那里放哨，他们也不知道怎么回事，就直接当了俘虏。

千军万马渡江，那天晚上那么多的船只渡江没有声音，很肃静，很难让人理解。到了繁昌，还没有入城，繁昌城就已经是大火满天，国民党的房屋在逃跑之前全部都烧了。我们进繁昌城的时候，已经没有国民党了，都逃跑了。我们没有停下来，连休息都没有休息，一直向南边的宣城追赶。

渡江战役中，国民党跑的比较多，我们也没遇到抵抗的敌人，这是比较顺利的。我们没有想到会这么顺利，毫无阻拦地渡过长江。

打上海

前往宣城的路上，国民党军队在路边丢的东西很多，背包、吃的、穿的、自行车，非常狼狈。下午到了宣城以后，部队停下来，住了一天多，敌人一个都没有了。两天以后的下午 5 点左右，突然来了一个命令，让我们马上出发，说是要打上海。包的饺子都没吃，我们饿着肚子就走了。

渡江部队和船工们一起检查木船的质量，了解每一只船的抗风浪能力

上海西郊客运飞机场（今上海虹桥机场），是我们攻打上海时的第一个目标。飞机场打下

来以后，紧接着就是攻打上海西站，没有遇到抵抗。过了车站，就是延安路，在火车站里面，也没有遇到什么敌人。在胡同里面，抓了一些国民党的担架队，这是我们第一次抓到担架队，他们跑到小胡同里面被我们堵住了。拂晓，我们到达了南京路，2 连占领了国际饭店。

苏州河上游有一座木桥，木桥这边是国民党的被服厂。国民党抵抗得比较厉害，当时我们没过去，而是从南京路到了一个比较大的面粉厂里面。面粉厂的后门是苏州河。河里有老百姓的船，集中在那里满满的。下半夜，我们部队从船上一个一个到了江北。那会儿打得比较厉害，我们过了河以后，天就亮了。上海东面有一个镇子，我们与对方部队打了一阵子，打得比较激烈。天亮了，大家衣服都是脏的，看不出是国民党还是我们自己的，司号班班长让我吹号。一吹号，对方部队也吹号，结果是我们自己打的自己，幸好没有什么伤亡。

渡江前向船户做动员

接收俘虏

我们一直打到吴淞口。吴淞口有一个跑马场，我们在跑马场接受了国民党的投降，接收了一些俘虏，我们就住在跑马场。第二天，我们押着俘虏，前往接收站，从吴淞口经过南京路，直到飞机场前面的七宝镇，在那里接收俘虏。第三天，上级指示说，谁打的地方谁来警备，延安东路和南京路这条线都是我们这个团负责警卫，面粉厂、发电厂，也都是我们警卫的。当时我们住在纺织机械厂，警卫了一段时间。

维持秩序

不久，上海出现了不少贩卖钢洋、捣乱市场的分子。侦察兵都换成便衣，由于人手不够，于是我们通讯班也被抽了一部分人做侦察兵，穿成便衣抓捕他们。我们开始没有经验，抓捕之前人就跑了，后来有了经验，拍拍他们的肩膀，意思说我要买，找个地方去讲价钱，离开以后就抓起来，钢洋全部没收。一开始公开抓，后来这些人见着我们就跑，于是便不公开抓。这个事情闹腾了一段时间，闹得很厉害。到了 7 月 1 日解放军大游行，大马路上都是部队。我们营打着一面红旗，上面写的是“潍县战斗模范连”，打红旗的人就是我。当时，有一些外国人，牵狗的、开汽车的，向你冲，不让路。这个时常发生。游行的时候，他们就是捣蛋，冲击部队。

群众积极性很高，向我们报告特务的行踪，便于我们每天晚上实施抓捕。攻打上海时，我们都睡在马路上，没人敢进老百姓家，《入城规则》很严厉。

国民党飞机刚开始经常来炸发电厂，打飞机最好的武器就是高射机枪，但部队里没有高射机枪，只有重机枪。我们机枪连住在延安饭店，做了几个月的警备，后来秩序慢慢都好了。接着，我们调防到了郊区闵行、高桥，一直到朝鲜战争之前。

做梦也没想到

渡江总体来讲比较顺利，基本没有伤亡，我们做梦也没有想到，国民党怎么成了这个样子。我印象很深就是在江上大家的表情，一个个奋勇向前。后面也分不清谁是突击队了，往前拱就是。那些船夫，夫妻两个，什么都没有，船都不大，有的船就是一个班，最大的也就是一个排。有个小皮艇过来，打了一阵枪炮，我们这条船的夫妻两个毫不顾及自己的安危，拼命摇船，令人钦佩，所以说我们的胜利在于人民的力量。

时　间：2011 年 3 月 23 日
地　点：山西省军区南京干休所
采访人：钱文胜、黄晨、史慧倩
整理人：沈利成

李剑锋

绝不能脱离人民群众

李剑锋，时任第三野战军第 8 兵团第 34 军第 101 师第 302 团第 2 营副教导员

渡江战役时，我在第三野战军 8 兵团 34 军 101 师 302 团 2 营当副教导员。按照渡江的序列，我们属于东线集团。

战前训练

渡江战役，还得从接受任务讲起。三大战役胜利，过元旦，毛主席发表《将革命进行到底》这篇文章。部队接受任务之后，开始进行思想动员、教育，准备渡江。那个时候，我们在滁县过春节，进行渡江前的思想教育。当时，我们还写了首歌：“今年是个胜利年，全国胜利在今年，同志们再努一把劲，打到南京，过新年。”

到了 3 月份，我们从滁县到了仪征，攻占了仪征县城，在仪征县城的东边做渡江的训练。主要训练几个方面，一个就是渡江战役的思想教育，再一个渡江的军事训练，第三个是入城守则。入城守则，主要是进城以后要遵守哪些规矩。思想教育之后，重点是训练，我们找了些小木船，就在来安县南边训练。那时没有大船，就找小船，一个班、一个排弄一条小船，靠近江汊子水边，搁到里头转转。船少人多没办法，只能学着在旱地上拿着棍子学摇桨的那个样子。但这个不实际，我们一上船就晕，那怎么办呢？只好在陆地上学转圈，训练到一定程度再去江边，在江边来回走，熟悉江水的情况。

当时，我们对长江有几个顾虑，第一个顾虑是怕江猪子（注：江豚的别称）。我们北方人没见过那么大的水嘛，怕江猪子，说江猪子很厉害，说江猪子一碰到船，一顶，坐三五十个人的船一下子就被顶翻了。第二个顾虑是怕浪，说长江浪大，搞不好船都弄翻了。第三个顾虑是过江的时候怕敌人的兵舰，我们小木船遇到敌人的兵舰怎么办啊？第四个顾虑是渡江的时候虽然因为距离近不怕敌人的枪，但怕敌人的炮。一发炮弹打到船上，把我们的船打散了，我们就没办法了，北方人不会水。

为了解决这些顾虑，我们腰里头都弄上竹筒子，把竹筒子锯成一块块的，穿上绳子弄成竹三角搁腰里头，还有的竹三角是夹在胳肢窝里的。如果找不到竹子就用茅草，把茅草弄成一捆捆的，然后将一捆捆茅草系在腰里。这些顾虑解除之后，大家变得斗志旺盛，信心十足。

肃清桥头堡十二圩

渡江的出发点是在仪征县，我们攻占仪征县城，在那里做准备，4 月 20 号开始攻打仪征十二圩，对岸是江南的句容下蜀火车站。

根据毛主席的指示，全面渡江以前，首先肃清江北敌人的桥头堡，凡是江北敌人有据点的要打掉。我们这个团负责打掉江北桥头堡、位于仪征南边的十二圩。打十二圩是两个营突击的，我们 2 营从西北角突击，1 营从东北角突击，两个营夹击，这是具体任务。晚上发起攻击之后，我们的突击连队很快突破了敌人的封锁。但是敌人在据点的西北角有一个碉堡，有一个暗中的固定火力点，把我们后续的联系给切断了。回来报告情况的通信员下不来，我们营部派到前线的通信员上不去，什么情况都不知道。

我是副教导员，当时拄着拐杖到前边去看一看，发现敌人在 50 米的距离上有一个射击点。我往前慢慢走，走到敌人射击点的那个地方，通信员察觉危险，紧抓着我的脚，并从我的身上爬到前面去，用两只脚顶着我的肩膀，不让我前进。在这种情况下，敌人一个点射把通信员打死了，我赶快回来告诉我们后边营部那些人，说这个路不能走，这条壕沟不能用，敌人有固定火力点。然后我绕到平地上，跟里边的突击连讲，要打掉西北角对我们前进危害最大的火力点。突击连长告诉我已经打掉了，于是我们继续把残余的敌人的两个营都消灭了。这就是攻打十二圩的整个情况。

李剑锋与年轻战士

进驻南京城

打完十二圩以后，当天晚上，我们就到达江心洲了，以此为出发点准备坐船战斗。就在这个时候，英国“紫石英”号从南京往外走，经过我们部队的前边，岸上的炮兵开始轰击。我们一面打，它一面跑，通过我们的阵地，又到了东边，最后到了 10 兵团的阵地上，被 23 军拦住了。最后它没办法，跑不了了。

我们渡江的时候，在江北已经把敌人消灭了，江南没有敌人了。当时我们营部行动的时候来了艘机器船，把我们从江心洲接到下蜀。

到了下蜀之后，根据兵团和野战军的说法，我们 34 军的部队是最先过江的。35 军从三浦，即浦镇、浦口、江浦向南京进军。我们从下蜀到江南以后，刚到汤山准备进入南京时，上级通知说 35 军已经从浦口过江进入南京了，34 军的部队不进南京，要向南到广德、郎溪。广德、郎溪是安徽、江苏交界的地方，还有敌人几

李剑锋展示所获奖章

个军。结果我们刚刚向溧阳方向前进，还没到溧阳上级又通知，那边的敌人已经被消灭，你们再回汤山，又把我们这个队伍调回汤山。我们住在汤山炮兵学校，就是现在的南京炮兵学院。我这个营被调到龙潭保卫水泥厂，给水泥厂站岗，是临时性的工作。几天后我们从龙潭坐火车去镇江，坐的是闷罐车。回来的时候，也是坐闷罐车回来的。虽然是装骡子、装马的闷罐车，但是坐进去也比跑路好。在镇江，我们接受防务，担任警备，挂了个镇江警备的牌子。我所在的营警卫镇江金山寺。

过了几天，上级又调我们师回南京，我们把镇江警备的牌子拿下来。到了南京，我这个团驻迈皋桥。这个时候，我到团里当组织股长了，由副营级进了正营级。我们团部带 2 营驻迈皋桥，警戒中央门外这一带，1 营在栖霞山，保护宗教大庙栖霞寺，3 营在燕子矶。

我们解放军不管到哪里，老百姓都很高兴，到处都是热烈的欢迎。老百姓一看到解放军就围着，特别是小孩子，一看到解放军了不得了，围着看，解放军可吃香呢。我们进南京的时候，纪律严明，几个地方不住，寺庙不住，学校不住，商店的门面不住。商店后面有房子，我们住后面，不住门面房。还有一个，涉外的单位不住，什么大使馆、领事馆、办事处，涉外的不住。

初入总统府

到南京担任警备之后，警备区政治部在警备区招待所，就是现在的华江饭店召开组织工作会议。师的组织科长、团的组织股长都参加。开了几天会后，我们农村来的战士没进过城，更没进过民国首都，于是组织参观南京。首先看美国军事顾问团的驻地，现在的华东饭店，AB 大楼。随后让我们开眼界，拉着我们上中央商场去看南京的市场。最后让我们看南京的名胜夫子庙，这样转来转去转了一天，很高兴。美中不足的是没看总统府，而第二天我们就要走了。

没看总统府多遗憾啊，我找到参加会议的侦察营的政委，他曾是我这个营的教导员。我和他们说了一下愿望，政委讲没问题，问什么时候去，我说要去明天就去。

第二天吃过早饭，我从现在的华江饭店走起，走过珠江路、太平南路、太平北路到总统府。参观总统府，是个了不得的事情。营长、政委陪着，后边还有通信员跟着。到了小铁路，门边的岗哨就来迎啦，在前边领路。到了总统府门口，带班的班长发口令：敬礼！我们还礼，营长、教导员、通信员陪着我进去了。刚到门边，指导员来了，跟营长敬了个礼，问营长走哪个门。

我当时在想，咱农村的一个穷孩子，今天全国胜利了进总统府，还要发令、敬礼让你进去，弄得我浑身都是滚烫滚烫的啊，不知道怎样表达情绪。营长说走红门，我想都没想红门代表什么意思，反正怎么领我就怎么走。说完了指导员陪着我们进去，到二楼第二道房的大厅，中间有道墙红木头、红柱子、木头门子，两边的门是留着供其他人走的，当中那个两扇小红门比人宽一点点。到那以后营长跟我讲，这个门是蒋介石一个人

二野记者进入总统府采访，来到蒋介石的办公室

走的，咱们今天都走，天下是我们的！这就是胜利者的精神状态。

他们陪着我到蒋介石办公楼，二楼一上楼向右一拐，南边那一间是蒋介石的办公室。我们攻占总统府有 20 天了，里面已经很整齐了。一看蒋介石的位子，我在那站了站，营长说："坐上，做他两分钟的总统。"胜利者的精神就是不一样。在那看了看，又到李宗仁办公室看了看，这次没再坐了。看完以后上三楼，三楼西头是蒋介石开会的会议室。最北头那一间，靠最北头第一个椅子是蒋介石坐的，很高，教导员说再坐上，我又坐上了。我坐上一试，那个椅子高，椅背比我还高一个拳头。蒋介石办公室的椅子很高，他坐的会议室的椅子也很高，我们议论道：不管蒋介石坐的椅子多高，不管他的位置多高、地位多高，也不管他的权力有多大、有多少军队，但有一条，只要他脱离人民群众，一切都完蛋！现在我们得了天下，我们不要学李自成。蒋介石从四一二反革命政变到他逃离南京，正好是二十几年。即便力量再大、权力再大、军队再多，只要脱离人民群众，一切也终将垮台。我们不能这样，毛主席讲谦虚、谨慎，戒骄戒躁，这样子好。

经过艰苦奋斗，我们夺取了胜利，这不是一般的胜利而是全国的胜利。我们在总统府蒋介石高位上的一些联想和感慨，是很深刻的。

敢于与帝国主义做斗争

渡江战役印象深刻的就是我们敢打帝国主义。那时候说得很清楚，不管是谁，只要是到我们面前参战了，就坚决打他。英国"紫石英"号经过阵地的时候，大家狠狠地打。"紫石英"号军舰在南京怕当俘虏，所以往外跑，正好经过许多部队的阵地。到了江阴，最终把它抓住了，跑不了了。它的舰队副司令带着几艘舰从上海驶来。28 军就在附近海面上，结果这几艘军舰都掉转船头跑了。有首歌我印象特别深刻，就是："社会主义好，社会主义好！社会主义国家人民地位高，反动派被打倒，帝国主义夹着尾巴逃跑了。"帝国主义在我们面前是夹着尾巴跑的，最后还抓了它当俘虏，管你什么帝国主义，在我们面前都不行。那个劲头真是了不得。

绝不能脱离人民群众

我们进总统府印象最深刻的就是，不管你有多少军队，不管你有多高的位置，也不管你有多大权力，只要脱离人民群众一切都完蛋。蒋介石坐的位置高，什么都不赖，有什么用？所以我们现在要讲传统，我们各级领导干部、共产党员，只要你还想保卫社会主义的天下，你就时时刻刻不能脱离人民群众，不能以权谋私，不能自私自利，不能侵犯群众利益。

谈渡江精神

首先，毛主席讲的，我们按照中央军委的命令行事，指挥到哪里就打到哪里，叫你过江，天险不怕。现在也一样，不管什么困难，只要坚决按照党中央的指示办事，就能一往无前。第二个，解放军一言一语、一举一动都告诉人民，我是什么人，我在干什么，我怎么干。人民解放军，是人民的队伍。我们严守纪律，爱护人民群众。下雨了，我们不进房子，在大街上睡觉，老百姓一看，这个队伍就是好。我们走到路上，前边我们走，担架、小车跟在后头。国民党呢？淮海战役之后，我们向

国民党逃跑后，南京大校场飞机场满地都是汽油桶

南进军，国民党那些兵，有些伤的、残的、拄着拐棍的，我们走他走，跟我们一路行军。走到一个地方，向老百姓讨饭吃，老百姓不但不给他，还拿着棍子打，最后人饿得没办法找解放军。没有人民群众，你讨饭都讨不到。

时　间：2015年9月10日
地　点：总参干休所
采访人：黄晨、陈悦、孙鹏、符娟娟
整理人：孙鹏

肖春才

渡江记忆

肖春才，时任第20军第59师第176团特务营干事

渡江战役是解放战争当中一个重要的战役，我参加这个战役的时候，在20军59师176团特务营当干事，是连级干部，属于基层。

渡江准备

渡江以前，我们在长江北岸做准备，主要是鼓舞斗志。当时敌人还比较顽固，淮海战役之后国民党的主力部队基本上都消灭了，还剩的一支部队跑到江南了，在江南失败就彻底完了，所以他们还要抵抗，还很顽固。那时蒋介石下台了，李宗仁任代总统，他的基本想法是以长江为界，南北分治，是这么一个意图。他有一个幻想，长江是一个天险，我们在江北进攻，他们可以防守。敌人部署的兵力，当时讲有40个军，大约有70万军队左右。他们武器比我们好，除了步兵的武器我们和他差不多外，我们没有空军，而他们江防有300多架飞机，兵舰、舰船有100多艘。所以说渡江战役不是那么有利，是一个艰巨的任务。我们军队士气非常高，连续打胜仗，淮海战役消灭敌人65万，我们的口号就是："打进南京去，解放全中国！"除了士气高以外，还有老百姓的支援。我们那时没有大船，大批的小船，都是老百姓、支前民工、船工到我们部队，送我们渡江。我当时跟下面讲，大家放心，打仗有船坐，又不是游泳。渡江胜利还有一个原因是我们有党的领导，毛主席、邓小平，那个时候二野、三野联合的一个组织，叫前敌委员会，邓小平是书记，有英明的领导和卓越的指挥，大家充满着信心。我提了个要求，要大家下决心，英勇战斗，把这个战役打好。要求大家只能前进，不能后退，我们是背水作战，船一开了根本没地方退。另外我告诉大家随时准备牺牲，为了解放全中国，献身了也值得。动员以后，战士情绪激昂，保证坚决完成任务，士气很高涨。我们开了一个誓师大会，在这个誓师大会上，大家表决心，举拳头，决心把这一仗打好。我当干事就是帮助领导做动员，我们部队有上百万人，百万雄师在东线作战。这是战前的准备和动员工作。

成功登陆

我们部队得到的命令是 1949 年 4 月 20 号渡江，我们 176 团原来安排的是第二梯队，第一梯队是 177 团。177 团出发后，在江中遇到了大风，把船刮向了偏北。我们那个登陆点要执行战斗任务，没部队是不行的，我们团马上就由第二梯队改为第一梯队。我们出发的时间是晚上 10 点钟，当时我们看到一片火光，江边大炮一起轰，江面上都是红色的，声音更是像打雷一样。战士听了很兴奋，我们有大炮支援，这是江中的情况。我坐的那条船集中了特务营的单位。特务营有 3 个单位，不是我们现在讲的特务，而是拥有重型装备、执行特殊任务的单位。一个是炮连，一个是重机枪连，有重武器，这是其他连队没有的配置。还有一个军事队，是培养排级干部的单位。当时我在炮连，炮连连长叫张宝才，他带了一个炮排，还有炊事班，一共不到 40 个人坐在一条船上。这条船登陆的时候，船板、桥板已经搭好了，大部分战士已经上岸了，但是小部分还没有上岸。这时，一个炮弹打在船尾，把这条船打伤了，船就进水了，当场有个炊事员牺牲了，张连长头部也负了伤，情况很危险！在这个时候，张连长喊战士赶快登陆。大家都赶快跑上岸，冲到江堤的堤坑上。冲上岸后，发现敌人逃跑了，我们登陆成功了。

肖春才在“京电”号前

追击逃敌

登陆的时间大约是五六点钟的时候，我们连长喊："赶快把部队收拢，敌人逃跑了，准备去追。"我们一直追到扬中，重武器配合着步兵连发动攻势。我们炮连配合第2步兵营进攻扬中，结果还没打，敌人就跑了。上午我们要过扬中夹江，夹江在江心北边。过夹江有一个困难就是没船，在北方过大江的时候，有民工来支援，但这个时候没有民工，船都让敌人破坏了，有的带走了，没有船，很困难。我们团长、营长都在想办法，后来找了一个木头板子把参谋送到江心南边，结果在那里发现有船，这些船是被国民党赶到那里去的。依靠这些船，我们顺利渡过了夹江。过了夹江以后，21号晚上，我们在丹阳吃了点干粮，那时都带的干粮，做饭来不及。上面动员，说敌人都逃跑了，我们要跑着追，于是我们吃完了干粮，马上就行动。第二天下午的时候，我们追了200里地，南京附近有个溧阳，敌人的大部队都逃到了那里。我们的部队边追边包围，敌人慌张得很，我们看到路上国民党军队的家属有的提着箱子，有的提着包，到处跑。我们炮连在后面打了4发炮弹，打到敌人中间，敌人又跑。上头说不要打了，问题已经解决了。当时我们团南渡抓了1000多个国民党俘虏，这一仗把国民党的部队彻底击溃，消灭的消灭，剩下的都抓过去当俘虏了，这个仗也算成功结束了。23号我们才得到消息，报纸上登了我们部队打胜仗的号外，说南京已经解放了。大家是真高兴，对这次战役觉得非常兴奋，任务完成得很好。按说大家应该休整了，评功授奖，但是还不行。这里的敌人消灭了，上海的敌人还在，那就准备打上海，所以我们接着参加上海战役。渡江战役和上海战役是连在

肖春才在渡江战役总前委雕塑前

一起的。这场战役在我国历史上是一个很重要的节点。

打上海很苦

我记得打上海之前有一个动员。上海战役非常重要，上海是个大城市，一定要把这场仗打好。打上海战役有几点印象深刻：一个是敌人搞的神秘工事特别坚固，上面讲了要啃硬骨头。还有一个，上海这个大城市工商业比较多，打的时候要注意尽量少破坏，少破坏经济建设方面的事。陈毅是华东军区的司令员，他给我们做动员，说打上海犹如投鼠忌器，就是老鼠站在瓷器边，你要消灭老鼠可以把它打掉，但是瓷器不要打掉。他说尽量不打大炮，这就规定了部队迫击炮和榴弹炮都不能打，这个很重要。在上海打了一个礼拜，打得很艰苦，我们炮连就有两个负伤的。刚打了一半，汤恩伯的部队就从宝山逃跑了。

我们新到的地方，老百姓对解放军还不了解，因此特别要注意遵守城市政策、城市规则。打进去以后，要联系群众，让群众有个好印象，尽量少干预群众。我记得有几条，一条是不进商店，就躺在马路上睡觉。刚下完雨，好几天了地还是湿的，大家的背包放在芦垫上，在那睡觉，不去惊动群众。刚到第二天，群众拥护、欢迎解放军，这时才准与地方联系，也有住老百姓家里的。再一个就是拆地堡，国民党兵为了抵抗我们，在街道上重要的地方都设地堡、障碍物，解放上海后要赶快清理，使交通畅通。另外就是打扫卫生，各个街道上打扫得干干净净的，群众看见了都说解放军好。我记得当时有个八项要求，也称为八项守则，就是华东解放军制定的八

肖春才给参观渡江馆的游客签名

项守则，一个是不要打扰群众，再一个就是不要随便在街上吃东西。军容风纪给民众一个好印象，接到群众东西一定要拒绝，八项要求很重要。

渡江体会

渡江战役，我有几个体会。一个体会是渡江的胜利，除了我们是正义之师、领导英明外，还离不开广大群众的支援。同时高昂的士气和我们的游击装备也是作战很重要的条件，缺哪个都不行。打胜仗主要靠这几条。这个胜利来之不易。在那种条件下，渡江作战很紧迫，我们的伤亡也不小，任务艰巨，必然有牺牲，不是那么平平稳稳过来的，这就是我的第二个体会。第三个体会就是过江以后，一定要有一个好的政策。因为我们在北方，解放区跟解放军感情都比较好，南方是国民党的统治区，解放军去了以后，群众欢迎不欢迎开始体现不出来，所以我们要有一个好政策，一个好的纪律规定，让大家遵守纪律，给群众一个好的表现、好的印象。我们打了胜仗以后不久，群众就热烈欢迎解放军，在刚解放的地区，这个很重要。我的第四个体会是，作为基层干部，我在完成自己任务的同时，帮助领导做工作、做动员，虽然做了一点工作，但究竟有多大贡献呢？从我个人来讲，我的贡献不大，更不是英雄。如果把这个胜利都拿到自己身上，是很错误的。渡江战役是伟大的，从个人来讲没有什么伟大。说老实话，今天能有这么好的生活，我们很高兴。没有过去革命、牺牲、代价，就没有今天的幸福。咱们实事求是一点，特别是我，没做什么大的贡献。

同渡江船工颜红英交谈

时　间:2015年11月9日
地　点：福建省福州市
采访人：黄晨、陈悦、孙鹏
整理人：胡彤

吴兴生

打上海我们牺牲很大

吴兴生，时任第三野战军营部副官

克服畏难

我是1945年参的军，参加过孟良崮战役、淮海战役、上海战役、福厦战役等。

淮海战役结束以后，1949年2月份部队到了如皋，开始做各项渡江的准备工作。当时我们部队很多战士有几个“怕”：有的怕江猪（注：江豚），怕它会拱船，怕翻船；有的怕船老大出问题；有的怕后续部队跟不上；有的怕迷航。到了如皋，部队进行军事训练、政治教育。例如，让我们了解在水上的注意事项、上下船的注意事项等。经过两个月的训练，战士们的基本素质有了很大提高，思想觉悟也提高了，几个“怕”的思想顾虑也打消了。

4月21号我们开始渡江。当时，我们团有七八十条船，都是苏北的老百姓支援的。晚上七八点钟，开始向江南渡江，我们从江阴的东边一个叫石牌坊的地方登陆了，整个过程还是比较顺利的。

肃清逃敌

登陆以后，敌人大部分都逃走了，主力部队都逃亡到上海去了。剩下一些散兵，我们一面肃清散兵，一面继续向前进。22号早上天还没亮，到了青阳镇，我们碰到敌人一个通讯班，当时并不知道对方的情况，那边在喊：“哎，你们哪个部队的？我们是2营的。”我们连长说：“哎呀，我就来找2营。”实际上是搞错了，敌人的2营和我们的2营都在青阳住下来了，一看帽子不对，才知道是敌人，于是我们就把他们一个班的枪全部缴了。

解放了青阳镇以后，22号晚上又解放了无锡。无锡的兵力往上海逃了，还留下一些公安系统、地方的自卫团等，解放无锡我们没有什么伤亡。从渡江开始一直打到无锡，我们团都是前卫，基本没有什么阻碍，还是比较顺利的。

上海打得很苦

渡江之后我们就打上海。上海打得很苦，我们部队伤亡大。

260团和253团两个团攻打月浦，师部命令我们团调两个营配合。打月浦时，团长吴文姬带了两个营。第二天，勘察了地形，团长很细致，指挥得很好，配合兄弟部队一起打下了月铺镇。打下来以后，国民党部队的后路就被切断了。于是，他们从市里调了很多部队，有十几个炮团，反复炮轰攻打月浦镇。团长牺牲了，教导员牺牲了，副教导员牺牲了，一个营长的膀子被打断了，代理指导员被打断一条腿，只剩下一个副营长。当时我在营部当副官，还有一个军医，我们营部只剩下三个干

解放军代表在船工宣誓大会上讲话："只要把我们送过长江，保证歼灭敌人，解放江南人民。"

部，3 个连没有连级干部了。但我们还要继续守月浦，敌人还在增多，战斗非常激烈。最大、最多的战斗牺牲就是在月浦，共伤亡 3000 多人。上海战役我们伤亡 7000 人，月浦的伤亡占了将近一半。

感受最深的事

那个时候，一个感受是群众支前很踊跃，群众一直把我们送到江南，船老大也有牺牲的。第二个感受就是我们党的思想政治教育工作做得很好，“打到江南去”“解放全中国”“活捉蒋介石”，这些政治口号多响亮，让我们在思想上很坚定。

时　间:2015 年 9 月 10 日
地　点:总参干休所
采访人:黄晨、陈悦、孙鹏、符娟娟
整理人:杨学功

何康庭

老百姓支援我们过江

何康庭，时为第三野战军第 29 军军炮团政治处组织股工作人员

东线渡江

渡江战役的时候，我们部队原来叫 11 纵队，后来改成第三野战军第 29 军。我在军炮团政治处组织股，当时叫纵炮，只有一个军炮团。我在组织股搞组织工作，就是党组织的发展、教育等。以后，我基本上都是搞这个工作，不管调到哪里都是搞这一块，做党务工作。

当时，我们炮团是从东线打的，就是镇江一带。对面是国民党的一个炮台，后来知道，这个炮台有我们的地下工作者。地下工作者在那里搞策反，控制国民党一部分部队。我们渡江的时候，地下工作者策反了一部分部队，国民党军队打炮也打炮，不过只是象征性地打一打，他不打也不行啊，但对我们威胁不太大。总的来说，我们渡江很顺利，没有牺牲多少人，我们就过了江。

何康庭接受访谈

在江北的时候，我们成天搞训练。我们没有好的船，没有轮船，没有军舰。空军、海军都没有。我们就用木船，部队自己想办法，后面装一个马达，可以发动，是一种半机械化的船。船的速度有问题，使用也不是很灵。在这种情况下，我们用这种船渡的江。

进入南京的解放军先头部队

渡江时，我们基本上控制了江阴要塞，过江比较容易。有的部队可能牺牲比较多一点。要塞里，我们控制了两三个炮阵地，控制的炮阵地正对着我们部队渡江这一条线，所以我们牺牲就少了。我们当时乘木帆船和上面装了发动机的机帆船渡江，沿长江一线拉开，国民党控制不了那么多，而且他们士气很低落。尽管长江是天险，国民党经营多年的工事号称固若金汤，但我们渡江总的来说比较顺利，伤亡也不是特别大。

解放上海

渡江以后，国民党部队已经很糟糕了，叫兵败如山倒。那时他们也没什么士气，一直在撤退，我们沿着铁路追，一直追到苏州。敌人稍微抵抗了一下，很快就被我们消灭了。消灭完了以后，我们就进了苏州。进苏州不让我们瞎来，那时候部队有纪律。我们住在老百姓房子下面，不进房子，有严格的纪律。不管是下雨也好，刮风也好，不能进老百姓房子。在苏州待了大概有一两天，上级命令我们到上海去，参与攻打上海。当时，中央有一个要求，不能把上海市区破坏了，要保护大上海。当时我们打国民党是在上海的杨行，他们在那一带死守。我们打杨行比较激烈，牺牲了很多人。原因有几个：一个是我们部队有骄傲情绪。之前很顺利，部队产生了骄傲情绪。部队不利用地形，不去侦察就用力打，很多人牺牲，这是一个原因。第二个原因是国民党在上海经营好多年了。他们暗堡上面长的都是草，外面看不到，但是他们可以看到外面。我们部队一冲上来，他们看得很清楚，所以我们的战士就这样牺牲的。要在平时不可能这样。后来我们在苏州河和敌人交手。敌人在那个地方有一些攻势，我们主要搞政治攻势，说你们缴枪吧，你们没有好日子啊，周围都是我们解放军，赶快缴枪。有一些国民党士兵，本来就是很穷的。听到这个喊话，就不和我们打了，但是他也不敢不放枪，于是就朝天放枪。苏州河的敌人很快就被我们解决了。上海没怎么遭到破坏，我们上海地下工作起了很大作用，比如说上海的电厂，地下工作人员控制了；上海的水厂，地下工作人员控制了；上海的市政府，地下工作人员控制了，都是要害地区、要害部位。上海的地下工作做得很细，基本上都有人控制了，所以上海没怎么破坏。解放以后，电又来，水也通，交通也很好。上海市区里面，按照中央的严格要求都不能破坏。上海打完了，命令我们这个部队撤回到苏州休整。我们第二次在苏州休整，住在老百姓家里。老百姓知道了，都说解放军真好，守纪律，讲文明，非常好。举个例子，我们住的那一家，她的丈夫在无锡搞面粉生意。无锡的面粉业很发达，他在无锡搞这个工业。他的夫人一直都住在苏州。我们住在他们家里，他们家是两层楼，我们不上楼，就住在下面，很守规矩的。住了一段时间以后，她感觉我们部队很亲切，孩子跟我们玩得很好。主人也很大方，说你们上楼，我们楼上也有房间，也可以住。楼上条件比较好一点。这个女同志的孩子平时搞音乐，我们印象很深的是他们家里有架风琴。那时我们可以用他们的风琴。部长拉风琴，我们可以唱歌；我拉风琴，他也可以唱歌。女主人感觉很新奇，说你们部队文化程度很高嘛，不是我们想象的那样，都是泥腿子大老粗。我们跟这个房东的关系搞得非常好，等我们离开苏州进军福建的时候，她是很舍不得我们走的。

我们进军福建比较艰苦。福建只有一条公路。走公路的话，那些土匪在暗，我们在明，他一打枪，我们有些战士就这样在行军过程中牺牲了。另外我们的三五个病号跟不上大部队了，落在后面，有些人就在这种情况下牺牲的。后来我们学乖了，不走大路了，我们走沿山道，这样牺牲就少一点。

解放军向船工学习撑船技术

军民情深

渡江没有老百姓是不行的。我们在江北准备的时候，老百姓很热情。除了提供船只以外，还有一些船老大很勇敢地给我们开船。他们是暴露的，我们还可以在船舱里面，可以隐蔽，他们无法隐蔽，所以有一些船老大牺牲了，也付出一些代价。老百姓给我们提供的船只，都是我们征借的。当然我们要付钱，这是我们的纪律，损坏了按价要给他们赔偿。老百姓牺牲了，也作为烈士，要给他们安置，给家里人经济上的补偿。当时民运部是专门做群众工作的组织部门。这些事情都由他们去落实，这个很严格，不做不行。有的老百姓不在家，我们到他家里去，吃了粮食，我们会写个条子，把钱放在一个地方，所以老百姓都觉得我们的部队纪律严明。那个时候我们和群众的关系搞得真好，群众把我们当作子弟兵。

时　间：2011 年 3 月 19 日
地　点：安徽省合肥市
采访人：钱文胜、骆佰松、封丽、许俊
整理人：孙鹏

陈实

船的重要性大于我的生命

陈实，时任第三野战军第 9 兵团第 30 军第 88 师政治思想宣传员

淮海战役是1949年1月10号结束的。战役期间，国民党总部设在河南永城陈官庄，我们在陈官庄的北面，一共打了66天，战斗结束以后，部队撤出战场。我们向南开，开到安徽，在那儿做短暂的休整。正好过春节，部队休整，我们奉命到巢湖，那时候都是步行。到了巢湖开始分配工作，当时调来的有27军、25军、30军的好多同志，由巢湖渡江船舶指挥部安排工作。当时，我被分配到渡江战役船舶指挥部的二大队一中队二分队，负责船工的政治思想教育工作，跟渔民同吃同住同劳作。白天到巢湖打鱼，下午5点左右回来，收港开会。

遭受飞机轰炸

在巢湖待了将近1个月，我们从巢湖进了玉溪口，向长江开进。大概在3月6、7号进了玉溪口，开到了巢湖关山峰，这个地方有座夏桂山。我们的船离开了玉溪河，到河汊子那边，把船伪装一下，人上了岸隐蔽起来。天一亮，我们人还没全部上岸，国民党的飞机就来了，我们给那个飞机起了个外号叫“小独头”。它环绕着夏桂山宝塔盘旋了几圈，就开始扫射，大概是15米07的机关炮，子弹粗得很。当时我已经跳上岸了，27军的王副指导员最后一个跳船，“冲锋在前，退却在后”。他正要从船上跳上岸的时候，飞机扫射下来，一下子把他打倒了，子弹在他身上打了一个大洞，他倒在了船板上面。

飞机盘旋过后，我们上船抢救他，看到他头上流着黄豆大的汗珠，躺在那里，他摆摆手讲：“老陈，我不行了，你赶快隐蔽好。”这时飞机飞了一个圈回来了，

陈实接受访谈

又开始扫射。他把我一推，推上岸了。我顺势一滚，滚到圩田下面，扫射的机枪没打到我。后来再去抢救王副指导员，他已经不行了，船板上面都是血，伤得太厉害，身子被打了个大洞，整个胯骨都打掉了。还有个船工，腿肚子被打了个洞。飞机走了以后，我们赶快把他们送到巢湖后方医院抢救。

临危受命

我们在夏桂山隐蔽，一直到下午，一般都是等5点钟飞机不来了才开会。开完会，又开支部扩大会，整个中队包括分队、部队的同志大概有好几十人。当时马上要打仗了，得有人赶快带着船向长江进发。中队的两个教导员，一个是25军的杜教导员，还有一个是27军的李教导员，可能是高邮、兴化这一带的人。他们讲了几句话以后就做出决定，命令我代理分队副指导员，那个时候我不是党员，这也是破例了，算是临危受命。原来的王副指导员牺牲了，长眠在巢湖之滨，我就承担了这样一个带领分队向长江进发的任务，一共32条船。一路上夜里行船，白天分散、隐蔽、伪装。过了几天，船队已经到无为了。早上把船停下来，船伪装，人隐蔽。那个时候也不开会了，只是考虑行船，怎么把船赶快运到长江边上。国民党的飞机又来扫射了，扫射一阵子以后，又兜了一圈，丢下两个凝固汽油弹。我们的船被烧掉2条，造成了损失。对此我要承担责任，因为我是代理分队副指导员。

船比我重要

那时候，船的重要性大于我的生命，没有船怎么渡江呢，宁可自己牺牲，也不能让船被打坏，船打坏了会影响整个战役。我到现在也惭愧，我这个代理分队副指导员没有做好，损坏了2条船。这个事情发生以后，我心想不能再造成船只的损失了，于是离开了玉溪河，到小沟、小港、小汊里面隐蔽。夜里行船，也是在小沟、小港、小汊里面走，行驶起来速度很慢，也很困难。为了加快船行速度，船工在船上面用篙子撑，部队的同志在上面拉，还有的下水推。不管怎么说，代理分队副指导员也是个干部，船工不大想干的事你要干，当时我就是在水里面推船。作为部队的同志，作为一个代理分队副指导员，吃苦在前、享乐在后，冲锋在前、退却在后，必须要带头这样做。

3月上旬，蚂蟥什么的都出来了，在水里推船时间长了，蚂蟥会叮在腿上、身上，把蚂蟥打掉以后身上会出血。船只难走的地方，我们安装了绞盘，用绳索把船向前拉。以后一直是这样，每个夜里就是这样行船，撑、拉、推、绞盘绞，后来到了塘沟。到了塘沟以后，那个地方没有通江的河道，我们硬是挖出一条旱沟来，大概有将近

为加快渡江速度，人民解放军某部在自造木艇上装置马达

5公里长。沟里只打一点少量的水，另外架上了绞盘，用绳索牵引。为什么这样做呢？因为国民党军队认为这里没有河道，不会成为我们渡江的地方，所以敌人的攻势不是太猛烈。实际上后来我的分队就是在这里渡的江。在战术上来说，这叫出其不意。

渡江动员

在那里待了将近五六天的时间，那时候国共还在北平谈判。毛主席讲，谈好了就是国民党架起长桥来请我们过江；谈不好，国民党不在《和平协定》上签字，我们就打过去。我们白天观察，看到国民党的军队提着帆布做的桶，每天到江边来提水。到了4月20号早上，上级通知开会，开会的地方在长江北岸，离开江边大概有3华里的地方，有一个稻草盖的大草棚，里面能够容纳七八人。参加会议的人员是渡江部队的营以上单位，包括营长、教导员、团长、政委、师长。当时组织会议的是27军的突击师。

27军突击师的政委说，国民党不愿意在长江里搭起长桥请我们渡江，现在毛主席、朱总司令命令我们今天开始渡江，打过长江去。他动员以后，我们30军88师政治部主任孙良浩做补充动员。他说我们开始是偷渡，被敌人发现了，我们就强渡。布置回去后，各战斗部队单位和船工单位做战斗动员，准备渡江。上级要求轻装上阵，除了武器、弹药、鞋子、干粮之外，其他一律不要。战斗动员之后会餐，在会餐桌上，船工向我们表态说："我人在船在，你们解放军同志要在哪里登陆，我们保证就送到哪里登陆。"

做好牺牲的准备

回来以后就做准备了。那一年夏天穿的军装是提前发的，我把旧军装换下来，穿上了新军装，反正都是准备牺牲的。另外做两件事情，一件事情用白布条写上我部队的番号和我的单位、名字，钉在衣服里面，为什么呢，准备牺牲以后传到家里面，打扫战场的时候找到能分清。第二件事情就是给家人写封信，抱着必死决心写了，如果我牺牲了请求组织上审查，若符合条件追认我是共产党员。

到了晚上5点多钟的时候，部队开始向长江边聚集了，一到晚上说不清楚究竟是多少路纵队，临江遍地都是部队，就好像古战场一样的，“向北疾走，不闻号令，但闻人马之行声”，大家都汇集到江边。船队从5点开始出江，大的船从汤沟口入江，小的船从旱沟绞盘绞过去，从江堤上拉过去入江。渡江第一梯队的突击队，坐的是马毛姐他们的船，先头部队是两个连上去的。我们的船比较大，一条船可以登一个排，枪支、弹药、人员所用的作战的东西一起带着能够坐五六十个人。小船只能带一个班，但很灵活。我们渡江是在距离马毛姐他们渡江不远的地方，只隔着个江汊。这个地方江面直。我带领分队在下福兴、同兴，跟着突击队，作为后续部队。突击队不能搞那么多，一多就乱了，敌人很容易发现目标。

提前渡江

部队渡江的信号是指挥船，营长的指挥船一动，突击船立即出发。不巧指挥船入江的时候船头搞错了。船应该朝南出头，结果船头朝向江北。指挥船想掉头，但掉过头来船不动了。这时候才7点半，离正式渡江时间还有半个小时，发的是预备令，主要是问清楚各个突击部队船准备好没有，人上船了没有。没想到突击船看到指挥船掉头一动，它也开始动了。当时人的神经都是绷得紧紧的，一叫起渡，钢盔划水、铁锹划水，加上摇桨，船就向前跑了。

突击船一跑，别的船也跟着跑。先头部队是两个连，连长看到船动了，以为是团里的参谋和渡江指挥现场的参谋下的命令。这两个连一动，另外的突击部队也跟着就动了。营长看到突击连走了，赶快向团里报告说出发了，于是也开船了，结果导致整个渡江突击时间提前了半个小时。27军一动，25军也开动了，这里渡了那里能不渡嘛，整个计划都提前了。

20号白天阳光灿烂，一点风都没有，无风，这对我们是很不利的事情。木船靠桨靠划靠风帆，没有风船动不了！单纯依靠人力驾驶船，会造成更大的伤亡。速度就是时间，大家心里面都很急。到7点半的时候，突然起了东北风。风起了，江面上白浪拍空，船工也好，作战部队也好，高兴得不得了，船速变快了。一开始江面上看不出什么，到了突击船渡过长江中线以后，南岸突然亮了照明弹。照明弹一个接着一个，江面上如同白昼一样，看得清清楚楚。敌人一看到船，机枪、炮全都开火了。我们突击的时候炮跟不上，炮兵不知道提前渡江了。后来就是叫炮，开炮的时候有口令：打过长江去，解放全中国，开炮！榴弹炮、加农炮一齐打过长江去，为死难烈士报仇，到处都是炮。

抢滩登陆

炮兵和后续部队指挥船掩护前面的先头部队、突击队，最前面有 4 条船。第一条船被炮打中沉掉了，上面的同志都牺牲了。第二条船到了南岸抢滩的时候，船上的同志全部牺牲在滩头阵地。马毛姐的船是第三条船，因为后面炮跟上了，后续部队跟上了，指挥船也到了南岸，在他们的掩护下，战士到了南岸开始抢滩。敌人的碉堡要爆破，突击营营长的右臂已经被打伤了，他命令炮火掩护，派了爆破手上去炸碉堡。爆破手拿起了炸药包刚刚动了两步，踩上地雷牺牲了。后来马毛姐带着两

山东莱芜县民工为人民解放军制作船桨

个爆破手，半路上一个爆破手被机枪打中牺牲了，还有一个爆破手跟着熟悉情况的她拐来弯去，一连炸了3个碉堡。碉堡炸掉了以后，有了突破口，后续部队就统统涌上去了。

部队上去以后，第一任务就是扩大突破口，把守敌歼灭。第二主要任务就是纵深推进，部队不能在江边上，得深入内部去，不然国民党军队集中火力到滩面阵地上，部队损失会很大，必须要向纵深推进。大概11点左右发出了3颗红色信号弹，报告已经突破长江防线，占领了滩头阵地。这3颗红色信号弹一发，后面的部队更分不清了，满江都是船只和人了，这就是长江后浪推前浪。

难忘的战斗情谊

渡江登岸的时候，有很多感动人的场景。船工也好，船上的战士也好，到了南岸登岸时，前面的战士跳下水把船头抱着，让后面的战士从自己背上跳过去，踩着自己的背冲上岸。船工站在水里，让战士踩在自己的肩膀爬上南岸。战友、战斗情谊，这才是真正的体现。在江面上，分不清炮声、枪声，只见头顶上面子弹、炮弹、信号弹穿来穿去，分不清声音。前后左右上下都是这些声音，弹雨跟下暴雨一样。

马毛姐还有一个突出的表现。她从船舱里面出来以后，抓起了桨就划，跟她一起的4条船，还有一条船船老大也姓马，看到前面船打沉了，害怕了，手脚就慢了一点。她叫马大伯不要怕，后面都是我们的部队，向前划。这么一句话，对战场上士气的鼓舞很大。马大伯听她这么一说，赶快加快划。渡江时，有的船被打沉了，有的船被炮弹炸碎了，战士在江里捞起炸坏的船板，抱起船板向南岸泅渡，只有前进没有后退。打仗时这个勇气非常重要，必须一鼓作气。

来回运送部队

在炮火中，我指挥船只，来回运送部队。作为代理分队副指导员，光指挥一条船是不行的，还有其他船呢。20号晚上，许多船来回了四五趟。第二天，我登上了南岸。那时候年纪轻，也是个小知识分子，上了南岸我拔了一棵草。细苗草，草已经长好高了，拔一棵小草藏在自己身上。江南的草，我第一次登上江南，想留一个纪念。

同一天，国民党的军舰从宜昌驶来攻打这里。长江从宜昌到镇江一线，有国民党的海防第二舰队。南京有二十几艘，镇江有23艘，是林遵的舰队。军舰不断地从上游驶来，到我们渡江的地方把灯火都关掉了，进行灯火管制，同时打炮。我们的木船被国民党军舰撞坏了，沉了一些船。第二天晚上我从江南渡回去的时候，我的一条船被国民党军舰的炮打坏了，上面没什么人，也没什么载重，一个船工被打伤了。我们坚持把船弄到江北岸，把受伤的船工送到战地抢救所包扎，还好没有什么大碍。22号下午4点钟，最后的后续部队开始渡江，30军炮兵团就是这时渡过江的。

追击逃敌

渡江任务胜利完成后，我接到原来部队的命令让我归队。我原来是30军政治部政治工作队队员，没有其他职务。我于是连夜追赶部队，那时候都是靠两条腿，最终在芜湖追上部队。前面部队已经打到湾沚，就是现在芜湖市的芜湖县，以前是个镇叫湾沚镇，是丘陵地带，丘陵上面都是小树。部队跟国民党的20军交手。渡江以后，部队接到的命令就是让我们直奔杭州，堵住、截住国民党退逃的后路。

20军是国民党的嫡系部队，我们从芜湖追到湾沚，追上了20军的溃退部队，20军的军长拒不投降，最后自己把自己打死了。20军的大部分士兵被俘虏了，逃掉的是小部分，跑到江苏溧阳这一带了，不是山多嘛，跑到那边去了。后来听说跑到那里的大概有一个师的人，我们于是继续追这些溃逃的敌人。

打上海伤亡很大

后来部队奉命攻打上海。我们从芜湖回南京，为了赶时间，通过地下党找了一个火车司机，从芜湖连夜坐火车到南京。24号天一亮进入南京城，南京已经解放了。

到了南京，白天在下关休息，晚上又从南京乘火车到苏州。苏州还有战事，部队在那里救火。在苏州住了一天，晚上又接到命令前往杭州。从苏州出发，到吴江、吴县，一夜急行军到双林，大概是 160 华里。战士背着自己的枪炮弹药和行李，他们身上单一支大枪就重七斤十四两，有的体弱一点掉队了，掉队当时也不能管了，后面有收容队把他们收容起来。到了双林又命令我们前往乍浦，经金丝亮桥、金山卫、奉贤一直打到上海高桥。

南京街头秩序井然的解放军部队

攻打上海，我们的部队伤亡最大。炮兵重武器跟不上，前面都是急行军，山炮、野炮、加农炮，都没跟上。道路被国民党军队破坏掉了，桥梁被破坏掉了，又要抓紧时间急行军，又要搭桥，所以重武器跟不上，能用的都是轻武器。打高桥那个地方，烈士都是我们 30 军的，都是江苏人，淮海人特别多。

到了南汇，我就留在那里。南汇县的军工会成立后，我当了军工会秘书。渡江战役就是这样。把死亡留给自己，把生存让给别人，战友的含义就是这样。部队上了战场，有什么危险的事情，班长、排长或者连长都有这么一句话：“你下来，我去！”或者班里的党小组长叫其他人：“你下来，我去！”这意味着把死亡留给自己，把生存让给别人。作为战友来讲，最危险的地方要争着去，让战友活下来，这就是战友的感情。

时　间：2011 年 3 月 18 日
地　点：江西省景德镇市军分区干休所
采访人：钱文胜、骆佰松
整理人：沈利成

林玉辉

登陆江阴

林玉辉，时任第 10 兵团第 28 军第 82 师第 245 团第 1 营教导员

我是28军82师245团1营教导员。我们是突击营，我们还有一个团是244团，1营也是突击营，244团1营在我们左边，我们在他们右边。我们两个箭头一起渡江，两个箭头，244团一个，我们一个。我们属于10兵团，10兵团司令员是叶飞。9兵团从南京过的江，9兵团司令员是宋时轮，我们准备了好久，然后上级统一下令渡江。我们这个营，大概是在南翔镇（音）那里登陆了。登陆的时候很顺利，没有遇到敌人多少抵抗，有一点抵抗都被我们粉碎了，打过江去以后就是南翔镇（音），国民党军队逃跑，我们包围他、追击他，最后把敌人全部消灭了。

充分准备

战前准备是很充分的。一个就是思想准备，这个非常充分，那个时候就是“打过长江去，解放全中国”，口号是这样的，也提出来“打倒蒋介石，解放全中国”。除了思想准备，还有物质上的准备。我们用的都是老百姓的船，我们没有渔船，于是动员老百姓出船，我们坐着老百姓的船过的江，过江的话都比较顺利。过江以后，我们继续南下，敌人一下子被消灭了。总的来讲，渡江战役战前准备充分，大家战斗非常勇敢，民兵、老百姓配合很好，船工都非常负责。

渡江之前，士兵们士气很高昂，领导干部亲自指挥。我们渡江之前敌人就打炮了，但他们抵抗不了，我们突破很顺利，渡江很顺利。伤亡有，不多。过江时，我们也有游泳、划船的，我们都配合好、协调好。渡江没遇到多少抵抗，非常顺利。

登上南岸

组织严密

战斗组织都非常严密，第一梯队、第二梯队、预备队，纪律严格。我在江阴时间很短，在船上可能个把小时就登陆了。船都不大，都是载二三十个人、三四十个人这样的。我们坐船以后到了岸边，从岸边跳到江里，水达到我们腰那么高。这个我记得很清楚，我们爬到岸上去。渡了江，我们就和船脱离了，接着登陆了。

过江以后，我们把敌人消灭了，又继续前进。在陆地上，遇到了国民党部队的抵抗，抵抗不厉害、不严重。

时　间：2011年3月29日
地　点：北京市
采访人：钱文胜、周树林、封丽、许俊
整理人：孙鹏

周克玉

兵民是胜利之本

周克玉，时任第三野战军第7兵团第24军政治部干部处干事

1949年，新华社发表毛主席亲自写的社论，叫《将革命进行到底》。所以，淮海战役胜利以后我们接着就打，从徐州南下，到淮阴淮安。到了宝应，在宝应汜水打了一仗。接着，向合肥进军，到了江边准备渡江。当时就是“打过长江去，解放全中国”这个口号，北平也在和平谈判。当然，从我们党来讲，尽量争取和平解放，降低、减少一些战争对人民、国家的损失。当时代总统是李宗仁，谈判代表赞成签字，但是最后李宗仁不敢做主，蒋介石顽固到底。毛主席讲，凡是抵抗的反动派，我们要彻底、干净、全部地歼灭，在蒋介石拒绝和平解决谈判方案之后，其实我们都准备好了，我们准备打，军队就是这样，而且不曾抱有幻想。

占领铜陵

接到中央的命令，在巢湖无为这一带驻扎的24军，就在这里集结、练兵，渡江前把国民党在江边占领的那些小岛，又叫洲，统统攻占下来。我们是中线集团，还有西线集团，再一个就是东线集团，三个集团。我们最早，4月20号晚上就大规模正式渡江。晚上6点开始炮击。那时候，我在军部政治部组织部做干部工作，机关干部都在炮弹阵地上，在江边看炮击，那真是感到非常振奋，集中了百把门炮同时向南岸发射。6点整炮击，摧毁敌人沿江的工事和据点，8点15分，军部下命令开船！先头部队是两个，70师、71师各4个营，都是木帆船，一条船一个班或者一个排，多少船记不清楚了，向江中齐发。那么多部队渡江也不是一下直接过去的，当中有个互相掩护的问题，敌人小舰艇在里面捣乱，还得把它打掉。9点15分，我们部队正式登岸了。登岸最早的是我们70师210团9连3班、209团5连8班。这两个班在战后得到了“渡江第一船”和“渡江突击模范班”的光荣称号。21号上午8时，210团、209团攻占了铜陵，这是渡江以后解放的第一座县城。

火箭炮了不得

渡江的时候江上打得激烈，敌人的防御工事也很强。国民党有些部队进行反动教育，有的还挺顽强的，但总体上是溃败了，也有些比较顽固的部队还击了，我们的炮火已经压过他们，他们一打炮，正好被我们发现炮兵阵地，于是就摧毁他。天黑了以后，一道道火龙向江南飞去。当时我们已经有火箭炮了，火箭炮可真是了不得啊，部队情绪也非常高。虽然我们没有空中掩护，但有炮火在江面上给部队掩护。我们军部是第二天渡江的，是4月21号。我们军政治部有4条船。组织部和敌工部1条船，宣传部和报社1条船，我们2条船并发。到了南岸后，他们那条船在我们前面一点，靠岸的时候踩上了敌人埋的地雷，那条船就炸翻了，当时船上有20多个人，牺牲了4位，负伤了6位。我们的船也被炸得波动很大。牺牲的同志没有

周克玉接受访谈

看到渡江胜利的成果，这些人我都很熟悉，有机关科长、干事、编辑，都是干部。军队机关是第二天渡江的，军队机关后面还有一个师。

进军广德

第二天，敌人的零星袭击还是有的。轰炸，白天空军打，那时候挺厉害的，我们牺牲了一些人。有些国民党船在江里面干扰，我们也有些损失。在我们登陆的时候，对岸敌人顽抗，他们有工事，我们上去占领那个地方，也是有牺牲的。但总体上非常顺利，部队情绪非常高。说实在的，我们已经不把他们放在眼里了。渡江以后，天下雨，江南水田多，我们身上背着背包、水壶、米袋、手枪，东西也重，不知道摔了多少跤，像泥猴子一样。

到了广德，上级命令解放杭州，日夜兼程，一天 100 多里，就是累，到哪里都是倒下来，不管有没有田格子、稻草，反正是想睡一觉，那真累，非常累。我们军机关、部队、警卫营也遇到了敌人袭击，牺牲了一些同志。在路上，我们看到自己的战士受伤、牺牲，有人来救治他们、安置他们。到了广德，得到命令，说在郎溪、广德的国民党大概有几万部队，溃败了集中在那个地方，要求我们就地赶快把他们解决掉。我们的部队主要是 24 军，当时部队正在走的路上，不知道到了哪个位置，一般情况还不准开步话机，电话也没有，完全靠通信员骑兵传达命令，沿路看到部队就拦住问，你向哪个方向去。就这样，部队很快集结，比较顺利。

优待俘虏

我们当时消灭了敌人一个军，俘虏了 1 万多人，军长、师长统统都抓住了。打得不激烈，他们是溃散之兵。我们奉命向南京进军。我们是军机关，科长带着我们几个人在最后做收容。收容有两个含义，一个就是我们自己的部队，因为身体不好或者别的什么原因掉队了，把他们收容起来，然后带着他们一起走。同时，也碰到不少国民党散兵游勇，一路上碰到不少，部队被消灭了，人都没地方去了，又不敢到老百姓家去，到老百姓家去就挨打啊，于是来找我们。这样我们一路带了他们百把人。国民党的人，走一路有的送给地方政府，有的交给部队。那时挺有意思，国民党士兵央求我们，没人管他了，他没吃的了，又不敢随便到别的地方去，他到老百姓家去，老百姓不揍他嘛，看到解放军他还觉得会好一点。我们优待俘虏的政策，在国民党部队是深得人心的。

驻守南京

军部是 5 月 1 号接到正式的命令，我们进驻南京，在南京的任务一个是警卫，一个是防空。开始的时候，我也想象不到当时大城市有多么漂亮。我们进南京城的时候，到处乱七八糟的。国民党仓皇溃逃，我们部队也刚进去，进去以后还有一些散兵游勇，包括土匪，趁火打劫的也有，社会秩序非常不好。老百姓对解放军也不是一下子就很了解的，还是有点距离，但是住了一段时间以后，一见面一相处很快就融洽了。解放南京城的是 35 军。35 军是个起义部队，解放济南的时候吴化文的部队，后来改编成 35 军，包括占领总统府的照片都是 35 军的。

很快 24 军一个军完整地到了南京，军部就在市内，别的部队分别住在江宁、城南、城西、城东。任务是保卫南京、警卫南京、对空防御，也维护南京的社会秩序。部队到了南京以后，做了很多工作。我们当时在军政治部，住在白下区一个银行里，这个银行的人跑了，我们就睡在柜台上，办公都在那里。我们有巡逻队，主要是配合地方，支持军管会的工作。哪里有需要，我们部队就赶快去。部队不直接出面担任警察任务，只是作为一个后盾，防止敌人再来袭击或者捣乱。整个社会秩序还是由军管会统一布置、统一掌握，当时军管会主任是刘伯承。南京地下党为我们渡江做出了很大的贡献，也做出了牺牲。他们提供情报、护厂护校，做了很多的工作。特别是江阴地下党起了直接作用，策动国民党部队起义，为东线集团渡江减少了很多麻烦和损失，他们接应渡江部队，立下了很大的功劳。

江阴要塞是国民党部队重要的驻守阵地。策动江阴要塞起义的地下党是我们苏北的，姓唐，唐家五兄弟有弟兄两个在里面。后来我知道了，有我老师的一个哥哥、一个弟弟在里面。地下工作非常危险，他们潜伏得很久。

渡江意义

辽沈、淮海、平津，这三大战役是决战，决定了我们中国的命运，把国民党的主力部队几乎大部分消灭了，这样就变成了我强敌弱。过去一直是敌人占优势，他们400万军队，我们只有百把万，而且装备各方面都不如他们。三大战役之后，我们无论从数量、质量、装备几个方面都超过了，占据了绝对优势。但是国民党的统治中心是在南京，蒋介石所依靠的主要后台也是江浙这一带的资本家，特别是买办资本家，包括外国的势力。各个国家的领事馆都在南京，特别是美国。渡江战役，标志着我们共产党人把革命进行到底、解放全中国这个坚定不移的决心和意志。蒋介石妄想划江而治，跟我们谈判就是首先提出的这个方案。这一点，中央、毛主席的决心非常明确，非常坚定。1949年元旦社论就是《将革命进行到底》。毛主席诗"宜将剩勇追穷寇，不可沽名学霸王"，这一决心是非常对的，不能因为胜利而骄傲，不能因为胜利而终止最后的胜利。

渡江战役标志着我们推翻了国民党的反动统治。南京是国民党的统治中心，我们解放了南京，国民党的中央政府就被推翻了。我们推翻了国民党二十多年的反动统治，才有后来中华人民共和国的建立，这个意义十分重大。渡江战役规模是空前

战士们把自己造的竹排抬到江边

2011 年 1 月 18 日，周克玉在纪念抗战胜利 65 周年暨抗美援朝 60 周年书画巡展上接受记者采访

的，三个野战军都参加了，二野、三野和四野的一部分，120 多万人。对我们来说，又是渡江作战，这是首次，那么宽阔的长江，无风三尺浪的长江，在我们战争史上也是辉煌的胜利，为我们后来准备解决台湾问题，积累了一些经验和教训。渡江战役非常顺利、非常成功，成绩非常辉煌。

老百姓支持很大

渡江战役，包括整个战争虽然遇到很多困难，但是大家的决心和斗志始终旺盛、始终不变，我们之所以能取得胜利，最主要的是后面有人民的支持。他们在江北筹集那么多船只，在船上给我们提供那么多的军队所需要的物资，组织那么多的民工、船工，没有这些人，我们的吃与行，都会碰到困难，没有保障。江南的老百姓知道解放军要渡江了，江南地下党组织也在积极准备，做好策应工作。我们一到江南，感到百姓跟我们江北老百姓一样，对解放军那么亲。当然我们也很注意，一个小纸片上写了渡江守则十条，我们每个人身上都有。进了南京以后，我们部队特别进行了城市的政策纪律教育。

政治工作，首先一条就是要遵守城市的政策纪律，尊重城市各个方面的人士，搞好军民关系。我是农村的，没见过大城市，见到县城，就算是不小的城了，南京是个什么样子，没有太多想象，反正是大城市。我们后来住到南京城，晚上是不出去的，大家都很自觉。看到南京男的和女的都手挽着手，在那散步，就感觉到非常惊奇，这怎么回事啊，没见过。经过思想上的教育、城市教育之后，就好多了，知道这个城市市民生活的一些特点，像南京的复杂情况、城市的社会基础，特别是国民党反动统治留下来的东西，需要一段时间整顿清理。刚开始，我们进南京的时候，国民党的残渣余力还没有完全肃清，留了一些特务或者其他一些奇怪的人，我们很警惕。我当时在军部机关军政治部工作，在遵守政策纪律方面我对自己要求也是很严格的。

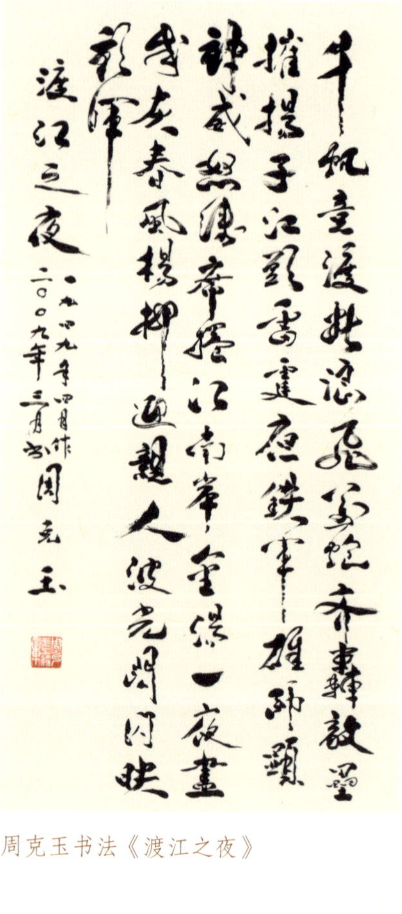

周克玉书法《渡江之夜》

渡江前老百姓对我们的支持很大，之前国民党还没来得及收掉一部分公用的船只。因为我们在淮海战役以后进展很快，个把月就到了长江边。当时，蒋介石在长江南岸做了充分的准备，修筑工事、碉堡。在江边的小岛上，国民党控制了一部分船只。苏北、安徽有很多湖、河，船多得很，我们当时筹集船只还是比较顺利的，老百姓也很愿意。

人民是胜利之本。几百万军队在江边的吃的问题，老百姓就给我们提供了，老百姓也不是很富裕，也是从自己的嘴里省出来给军队的，无偿地献给军队，作为公粮支援战斗，光这一笔就了不得。参加支前的民工、船工提供的船只都是数以万计，也有船工牺牲。人民的支持，使我们的斗志、决心始终非常旺盛、非常坚定。只要老百姓能够被解放、国家能够被解放，我们随时随地准备战斗。

时　间:2017 年 3 月 9 日
地　点:江苏省无锡市
采访人:孙鹏、陈悦、薛倩
整理人:孙鹏

赵友金

回忆南京解放

赵友金，时任第 35 军第 311 团特务连副指导员

渡江作战的时候，我在35军311团特务连担任副指导员，我的任务是带领一个排辅助我们团指挥所的警卫工作，说是警卫部的，实际上我没有一直跟着团的领导，我基本都是在战场上打仗。

激战三浦

团长命令我带着排到前线去战斗，头一天我带着一个排，打下一座山之后就守这座山，因为这座山离我们团指挥所比较近，如果敌人占领了这座山，对我们这个团指挥所的安全是有影响的。我带着排打下这个山头以后，一直守在这座山上，敌人一个营向我们反扑了七八次，都被我们打下去了，打了整整一天。那一天我们清点伤亡，一个排没有一个牺牲的，打掉敌人一挺重机枪，最后把敌人都赶跑了。战斗是早晨天刚微微亮打响的，一直打到下午5点来钟，吃饭也没落得吃，早饭是炊事班给我们送上去的，饭刚刚盛到碗里敌人就上来了，大家把碗一扔，弄得满地上都是饭，接着我们就上战场了。到了晚上5点多钟敌人跑了，我们撤下来，团长说你们打得很好，让我们到后面的小村子里休息一下。头一天夜里我们整夜行军，从安徽的一个地方到浦口，白天打了一天没有休息，也没有吃饭，部队非常疲劳，于是在村里休息了一夜。

第二天，团首长命令我带着排赶快返回阵地，我返回阵地的时候，情况已经有所好转了。浦口外围阵地的各个山头都被我们占领了，敌人大部分被我们压缩到浦口浦镇的两个镇子里面去了。铺镇有国民党28军军部组织，我们团原本准备晚上伏击打浦镇。团长带着我和连长去看地形，结果我们看了以后回来刚刚吃过晚饭，团首长又派同志过来传达命令，让我们两个到团部指挥所去。团长告诉我们，今天夜里暂停攻打浦镇，你们俩的任务是带两个排到老江口，也就是靠浦口那一块，去侦察敌方敌情。团长强调你们的主要任务是侦察，避免与敌人交手，一旦打上不要恋战，要想办法摆脱。

侦察敌情

我们到了长江边上，有一条大概十几米宽的小河，水很深，没有桥也没有船，我们过不去。我们发现江对面有些手电筒的灯光，分析那边肯定有敌人，肯定有情况，那个时候老百姓是没有手电筒的。我们想办法过去，可是我们都不会水，水到底有多深也不知道。我们尝试着让会水的人先过去探一探，探了以后也还好，水就那么深，我们卷起裤腿过去，连长带着3排在江边上掩护，我带着2排过去。那时毕竟是夜里，动静也不能弄得太大了，怕被敌人发现。过去以后没多远，就发现了大批敌人在江边上，一看情况不对，敌人也看到我们了，我们离敌人也就一二十米的样子，这下不行了，撤也撤不走了。我跟2排长讲打一下吧，机枪、步枪、冲锋枪一起打，打了以后马上就跑，过江都来不及脱衣服了。我跟连长说了情况，我说情况不对，我们赶快回去向团里报告。

赵友金接受访谈

过了一个多小时来电话了，说敌人逃跑了，你们赶快追击，叫我们赶快往长江边上压。我们于是往长江边上压，一直压到长江边，到了长江边天基本亮了，大概是22号早晨。到长江边上，江北已经没有敌人了，当时一条船也没有，大小船都没有，没有船就过不了江，我们向上级报告问怎么办，上级要我们自己想办法。团长、政委让发动部队动员老百姓，用他们种稻子、做生产用的小船渡我们过江，能动员多少动员多少。结果部队都派人跟老百姓去动员了，动员了大半天，到下午集中起来也只能渡过一个营，其他部队还是不能过。

趁夜渡江

最后决定利用夜里天黑的时候，3营首先过江，用老百姓的船过江。另外派一个侦察班偷偷地渡过江去，去抢敌人的船。我们一个班过去以后，到了长江南岸没有发现大批敌人，地堡里有零零碎碎的人，散兵游勇看到我们部队到了，打了一枪就跑了。我们没管他们，当时的主要任务是夺船。我们顺着江南岸向东跑，跑到燕子矶那里，在燕子矶码头发现了2条船，大船大概可以坐五六百人吧，小船可以坐100个人左右。我们分成两个小组，动员船主说我们解放军过江需要船，请你们帮忙，他们听说解放军也很高兴，就帮着渡江了。3营过江进市区，登陆以后提前占领总统府，其他的两队占领制高点，控制九华山。3营登陆以后又来了一些其他船，当时想着占领紫金山，紫金山过去到中山陵，中山陵下面是宁杭公路，就是南京到杭州的公路，只要切断、控制这条路，南京的敌人就逃不了了，外面的敌人也不能来增援了，我们于是把这个公路控制起来了。

占领南京

2营团部也乘着那两条在燕子矶发现的船一同过江，过江的时候天还没亮，我那时是坐大船过来的。我们在下关江边发电厂旁边登陆，登陆后没进市区。我们要去占领紫金山，一直跑到紫金山。到了紫金山以后，有人报告说是燕子矶那里发现敌人，团长命令我们2营到燕子矶去看看情况，2营到了燕子矶发现了敌人的一个师。这个部队是国民党的一个杂牌武装，说是一个师，实际上也就是2000来个人吧。我们部队刚一接触，他们就把旗子打出来了要求起义。当时我们营连干部不敢做主，派人向团里报告，团里也不敢做主，请示师里、请示军里。军里政委说张邵武师不能起义，只能投降，无条件投降。当时我们也不知道为什么这个部队不能起义只能投降，原来张邵武在 1946 年国民党重点进攻苏北的时候，是我们一个县大队的大队长，他带着这个县大队叛变了，叛变投敌了以后，敌人给他升官当师长，这个是我们后来才知道的。2 营包围着他的部队，当时没有缴他的枪，一直到后来我们快离开南京的时候，把他叫到郊区，收了武器，遣散人员，不需要补充到我们部队的都叫他走，能够当兵的都补充到我们部队来。

到了南京以后，我们团指挥所从中央门进南京市区，到鼓楼那里有一个广场，当时那个广场算比较大的，有一个楼是国民党的银行，我们团指挥所就在那个银行里。到了晚上，刚好天就下雨了，上面命令我们部队团部所有人全部到国民党中央党部去。

偶遇一支部队

我们团的首长说现在作战结束了，又没有什么事，我们还是在这里休息一夜吧，在银行里休息，叫我带一个排在附近警卫。团首长住在楼上的一个小房间里，打地铺睡觉。警卫员们守在门口，我带领一个排在楼下附近警卫，没有警卫任务的就在银行营业厅里打地铺睡觉。刚好那天晚上要下雨了，我就冒雨侦察了一下周围的地形，一看周围的地形相当复杂，东边一个门刚好是中央路，西边一个门是中山路，南边一个门刚好面对鼓楼广场，三面大门，这个警卫任务是很艰巨的。我的决定是每一个大门派两个人站岗，另外有一个班在这个银行周围游动、巡逻，这样就比较保险一点。

那晚大概 10 点多钟，我也很疲劳了，三四天没有睡觉了，刚好在大门口的一个传达室有个小木床，我想就在这躺一下。还没躺下呢，巡逻的就押着 5 个人进来了，说这 5 个人在我们周围活动，鬼鬼祟祟的不正常。当时也没搜查，我问他们是干什么的，他们口气很大，说自己是中国人民解放军江南挺进纵队总司令部。我一听不对，我怎么没听说南京有这样一支部队，心里这样想着但是没说出口来。他们还拿出身上带的布告，是按照我们的布告翻印的，名片也拿出来给我们看。我总觉得有点疑问，让警卫员去搜查他们，一搜查发现他们身上都带着枪，一下搜出了11支快机枪，一个人2支，还有一个人3支，口袋里面都是一条条的子弹，一下搜出几百发子弹。我一看情况不对，这些人肯定不是好人，我说先把他们看管起来再说，于是把5个人全部都绑起来看着。

刚把这个事处理完，有一部黑色的轿车开到我们西边中山路那个门停下来了。看到车子停下来以后，我们的战士“哗”的一下都上去把他们围起来了。车上下来两个人，一个人腰里带着一支左轮手枪，还有一个人手里提着一支快机枪，机头是打开的，随时都可以打。我一看情况蛮紧张的，赶快跑上去问你们是干什么的。带左轮手枪的那个人说我们是中国人民解放军江南挺进纵队总司令部的，你们为什么要抓我们的人，我们是来向你们要人的。我说你们到底是干什么的我们又没搞清楚，人不能随随便便交给你们，你们到底是什么人我们也搞不清楚。他说他一定要把人带走，我说不行你们先回去吧，如果你们是自己人，我们把情况搞清楚以后会把人送回去交还给你们的，现在情况不明我们是不会随随便便把人交给你的。他不肯，非要把人带走不可。这个情况我也很为难，人交给他也不行，不交给他也不行，怎么办呢？我跟3排长使个眼色让他看好，然后我上楼找首长汇报去了。结果首长一分析，这情况很复杂啊，他们到底是自己人还是敌人搞不清楚，现在的问题是既不能把人交给他们也不能和他们发生冲突，一发生冲突如果是自己人打着自己人怎么办，让我还是想办法让他们回去。

主动请缨为“先锋连”第一船掌舵的老船工

我一看这情况不对，马上重新部

署把大路都封起来了。我跟对方说你们走，你们不走的话出了事你们自己负责。我说现在南京刚解放，情况很复杂，你不能说你是什么人，我们就认为你是什么人。最后他还是答应回去了。他走的时候给了我一张名片，当时说老实话我们没看过什么名片，不知道名片什么样子，到底是干什么用的也不知道，但我还是接过来了。他们走了以后，我就把这个名片交给我们政委了。

麻痹特务

给名片的那个人说好第二天早晨 8 点钟再来商谈，我跟政委汇报也是 8 点钟来，结果到了 8 点钟他没有来。政委告诉我你审查抓起来的那几个人，看看他们到底是什么人。我审查了一下，他们的说法就变了，说他们是南京地下党的武装，南京地下党的武装归 8 兵团收编。我当时没弄明白，解放南京的是 7 兵团，他们怎么会归 8 兵团收编呢，8 兵团不在我们这边过江登陆啊，是在苏州、无锡那个方向过江的。我说这不在一个地方啊，我们就有点怀疑了。后来我将这个事情跟政委汇报了，政委说很可疑，要提高警惕。政委准备打电话给昨天那个丢名片的人，叫他来。打通了他来了，他这次来没带人，自己一个人来的，也没带枪。政委跟他谈了，谈了以后，我们政委批评了他，问你们到底是什么人，你们搞不清楚自己的总司令么，我们解放军只有一个总司令，就是朱德总司令，其他还有什么总司令啊，你一个纵队的有什么总司令。他的态度挺好的，说“我们不对，我们不是”。谈好了以后，团长交代我带一个班护送他们回去，把他们的枪和他们的人都给他。当时我犹豫了，他们回去我们还要护送他们做啥，后来团长把我拉到一边说：“你们去的任务，一是侦察地形，看他们走过的地形是怎么样的，二是要去了解他们有多少人。”

这样一说我心里就明白了，说护送他们只是一个名义上的。我们去了以后发现他们在高楼门的一个大院子里面，一看他们那些作风根本不像人民军队的样子，跟土匪差不多。回来我就向团长汇报，团长说你们这个排留在这里，住上几天再说，如果他们来了和你们联系，你们就跟他们应付，但不要暴露我们的意图。团长、政委交代我们“到时候他们来找我，你们可以叫他们到中央党部来。”

果断解决他们

我们在那住了整整三天，跟他们接触了两次。我们一直在侦察他们的情况，解放南京的第四天吧，我们军政委到军里去开会，当时正好南京的地下党书记陈修良也参加了。各个政委向陈修良做了介绍，大家认识一下。我们政委放心了，她是地下党书记，有什么情况问她就行了。开完了会以后我们政委就找陈修良了，问南京地下党有没有一个叫江南挺进纵队总司令部这样的一个组织，陈修良马上讲了我们没有这样的武装组织，他们是国民党撤退的时候有计划留下的武装特务组织。陈修良明确地告诉了他，我们政委心里有底了。回来以后跟我们说要解决问题，政委亲自跑到军管会，找到宋任穷向他汇报了这个情况，准备解决这一部分人。宋任穷答应了，说军管会尽量配合，公安局也尽量配合，问我们有什么要求。我们没什么别的要求，希望配给我们一些交通工具。我们派参谋跟军管会具体协商了一下，给我们提供了 4 辆卡车。我们侦察的情况呢，这伙人一天吃两餐饭，上午 8 点半钟吃早饭，下午 3 点半钟吃晚饭，我们连长带两个排，利用他们下午 3 点半吃饭的时候突然袭击，把他们抓起来了。一枪都没打，70 多个人，包括总司令、副总司令、总政委、12 个纵队长全部都抓起来了。当时他们刚好在吃饭，没有思想准备，突然冲进去把他们包围起来，枪都给吓掉了。搜查出来他们一箱一箱的武器，没动用过的武器还有好多箱，一共有 300 多支枪。这是南京解放以后消灭掉的一部分敌人。

098

时　间：2013 年 8 月 13 日
地　点：厦门 174 医院住院部 7 楼
采访人：黄晨、史慧倩
整理人：高小雅

姚思忠

渡江战役有决定意义

姚思忠，时任第三野战军第 10 兵团第 28 军第 83 师第 247 团第 2 营副政治教导员

我的名字叫姚思忠，山东淄博高青县人，出生于 1924 年 12 月 1 号。渡江战役时担任人民解放军第三野战军第 28 军 83 师 247 团 2 营的副政治教导员。

水上练兵

淮海战役结束之后，28 军驻扎在涟水，经过简单的准备，3 月份经过高邮、宝应到达泰兴、如皋。渡江是从泰兴、如皋这里开始的。渡江的时间，最早的是第二野战军，在 4 月 20 号晚上渡江，他们的位置是在九江到武汉之间。第三野战军的位置是在九江到芜湖、南京到江阴这段。渡江之前，我们部队进行一些准备工作，最主要的就是水上练兵，因为北方部队不熟悉水性，特别是水上生活也不那么习惯。首先，我们进行一些水上训练，一是适应水性，二是进行水上的战斗，水上战斗主要是训练射击。在小舟上面射击方便一点，也比较容易，搭一个台子就可以了，但是木筏就比较麻烦一点。先扎一个木筏，木筏上再放上沙袋围成一圈，把机关枪架在上面，这样就可以练习水上射击。当时这对北方部队来说难度还是很大的。

经过训练，我们部队对水上生活习惯了，水上的战斗便可以实施了。1949 年 4 月 21 号晚上，按照毛主席的命令，我们大部队正式渡江。国民党的江防，按照当时他们的说法，是不可能突破的防线。实际上他们并没有什么信心，因为长江以北华东 400 多万国民党军队已经被消灭了近半。作为解放军来讲的话，120 万军队投入渡江战役，兵力已经和国民党的力量差不多相等了。

选择在南京渡江

为什么选在南京渡江呢？我当时年纪小，也只是做营一级工作的，并不太清楚。现在回过头来想一想，为什么选定这里渡江呢，当时有句宣传口号是这么说的："打过长江去、解放全中国、活捉蒋介石！"蒋介石的中央政府就在南京，蒋介石也住在南京。只有解放南京，才象征着国民政府的垮台，所以当时党中央就选在南京渡江。另外，南京从地理位置来讲的话，它既是江防中心，也是战略中心。南京、上海、杭州，这是一个三角地带，所以南京是很重要的战略要点。这是历史的选择。

当时解放南京，部队东西对进，西边有芜湖，东边有镇江，实际上我们当时已经占领了戚墅堰，也就是说切断了南京到上海的宁沪铁路线，西边的九江也已经被我们占领，所以国民党的防线只剩下零星的孤立点。4 月 23 号解放南京后，我们开始长距离往西面追击，到 4 月 27 号，我们占领了浙江吴兴，也就是现在的浙江湖州。到了吴兴也就快接近杭州了，部队经过一段休整，就要准备上海战役了。经

冲啊，"渡江先锋"的勇士们，蒋介石苦心经营的长江防线一夜之间被我各路大军彻底摧毁

过半个多月的准备，5 月 16 号正式开始上海战役。如果上海解放了，国民党残余部队在东南这一片就基本上解决了。原来国民党希望在浙赣线上阻挡一下解放军，结果上海解放，我们切断了浙赣线，他们就只有往西南方向逃跑了。所以紧接着第四野战军、第二野战军立刻向西南方向，如广州、广西这些地方追击。

部队学习

1949 年渡江战役前后，我们在部队是能看到报纸的。主要是山东渤海区印制的小报，另外我们纵队本身也印制报纸。当时还可以看到华东局的杂志，内容主要是教育部队、传达上级指示。当时指战员的文化水平比较低，不像我们今天部队里面基本上是大学生，那时小学生就是比较有文化的了，真正中学生没有几个人。我们在部队里面也会学习，能学到什么程度算什么程度。那时我虽然小学都没毕业，在部队里面还算是比较有学问的。

我们收到文件、看到报纸的时候都要组织大家学习，那时也没有多少条条框框，反正拿过来读，大家及时讨论，好好执行上级要求。

渡江战役的意义

渡江战役的胜利，宣告国民政府灭亡，对我们现在的生活有决定性的意义。因为如果没有渡过长江，没有解放南京，就不可能有后来的中华人民共和国的成立。正因为有了渡江战役，第四野战军才能从武汉渡江向广州进军，第二野战军才能向西南进军，第一野战军也才能向西北进军。

时　间：2011 年 3 月 23 日
地　点：山西省军区南京干休所
采访人：钱文胜、黄晨、史慧倩、封丽、许俊
整理人：孙鹏

商锡坤

人民的胜利

商锡坤，时任第三野战军第 10 兵团第 28 军第 84 师第 252 团第 1 营第 3 连连长

我们部队是东集团10兵团，叶飞当司令员，我当时在28军84师252团1营3连当连长。为什么在21号渡江，这里边有一个战略意图，对西集团来讲，部队从湖口直插浙江吴兴，这个距离比较长。我们东集团，从江阴直插宜兴、嘉兴，这个距离短。所以我们推迟一天渡江，将敌人合围在南京、杭州和太湖中央，把敌人歼灭，这就是整个渡江战役的战略意图，也是决心。

人民的支援

按照陈毅来讲，我们打淮海战役是怎么胜利的，就是一个一个小车推出来的。我们这个军有一个民工团，都是老百姓，穿着便衣、抬着担架来支援部队，一直跟着我们打到福建。还有一个担架团，也都是民工。那些船工渡江的时候很危险，有炮弹嘛。民工也有牺牲的，也有负伤的。

当时在解放区，解放了以后贫下中农分地主的土地和浮财，分了以后就敲锣打鼓动员他们来部队，有的动员参军，有的动员当民工。一个村组织两三副担架，十几个村组织起来一个营，抬着担架跟着部队。除了最前线的地方，部队到哪里，他们就到哪里。

渡江准备

那个时候我没见过长江，政治动员时有首歌：“扬子江浪头高，江南的人民在呼号，要吃饭要穿衣，我们的救星解放军呀，快前进。”当时看江面实际情况，可能就两三公里、三四公里宽，跟传言的不一样，心里面就有底了。那时没有谁过去过，晚上看不到，白天伪装在江上看了看，从哪个地方登陆，往哪个方向，只能是这样子。

渡江前我们做了一些准备，首先就是征调群众的船只，征集船只完了以后就去训练，围绕船怎么摇橹、怎么划进行训练。那个时候训练条件比较差，渡江没有现在的漂浮器材，用芦苇绑成一个三角，这样船翻了有芦苇漂浮着就掉不下去了。再一个就是到江边看地形，看看长江什么样，怎么登陆、怎么登船，做一些一般的准备。再就是每个人带上两三天的积粮，自己用面烙的食粮，这就算做准备了。我们过江是在靖江，在靖江的四圩、六圩还有二圩这里乘船过江的。我们大概是在 21 号的 19 点 40 分开始渡江，渡江前两个炮群进行炮火准备，打南岸，打敌人的碉堡，打敌人的掩护，部队登船以后就过江了。

过江并不完全顺利

过江有的顺利，有的不顺利。我们这个连来讲，过到中间的时候，敌人炮弹把桅杆给打断了，两个战士也负伤了，撑船的老板很好，说不要慌，不要慌。桅杆打断以后它就打转了，船不能走了，这个时候我们就摇橹，用铁锹、划子就划过去了。渡江的时候，我们这个军开始有十个先进营是第一梯队。登陆以后，敌人有的抵抗了一阵，有的打到第二天的晚上。这个时候申港的敌人开始撤退了、逃跑了，我们这个团正好把他们截住了，遭遇在一起。最后俘虏了敌人一个师长、一个师参谋长，还有 800 多敌人，我们这个连俘虏了六十几个人。

俘虏以后，一般来讲中士以上的就不要了，有的遣送回家，有的往上送，一般下士以下的留在部队里。过江的时候我们这个连才 97 个人，然后就成了 160 多个了，都是俘虏的兵，没有枪也没关系，没枪就给我们扛着粮食、扛着东西。

打上海负伤了

到了吴兴，我们休整一两天以后，直接围着太湖转了一圈到了苏州。在苏州准备打上海了，打上海我们这个师的任务是打刘行、杨行、国际电台，直插吴淞口，

解放军占领总统府

插到吴淞口以后，就把敌人的退路截断了。我们连从刘行、杨行的北面开始打，从国际电台走杨行一条公路，还有个铁路，打了一夜，到 8 点多钟的时候，把敌人分割开来，破坏了敌人的一个防御体系。

我们部队在刘行、杨行挖工事准备敌人的反击。敌人从上海调出了一个师来，向我们反击，我们这个团比较孤立，后面没什么部队。敌人有坦克、飞机、大炮，八九点钟开始打，一直打到 10 点多。我们连前面 100 多米的地方，有一个小高地，像上海这地方，没有很高的地方，那个村都是水网地带，村里比较凹，枪打不出去。按军理来讲，这叫立足未稳。就是说部队刚到那个地方，工事也没修好敌人就来了。

和敌人交手后，距离前边敌人最近的战士，跟敌人拼手榴弹，有的就拼刺刀了。我们一个 4 班长，有炮弹一下子落在他跟前，打在脖子上，血流出来。大概到 11 点多的时候，敌人四面包围了我们。这个时候我的腿膝盖也负伤了，下去了由副连长来指挥，副连长下去以后由 1 排长来指挥，1 排长下去后叫我们 3 排长负责指挥。

渡江之歌

渡江精神有一首歌是这样唱的："江南的人民在呼号，要吃饭要穿衣，解放军呀快前进！"要赶快打过长江去，解放江南的人民，这就是口号。这就是当时渡江的精神！鼓励着所有的战士、干部要赶快打过江去，解放江南的人民，当时士气是很高昂的。

时　间：2015年7月17日
地　点：南京苜蓿园干休所
采访人：黄晨、陈悦、孙鹏
整理人：杨学功

傅宗哲

我在部队做医务

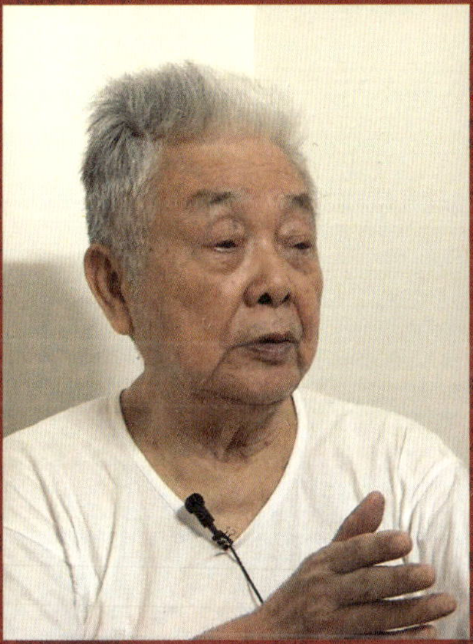

傅宗哲，时为第三野战军第8兵团医务人员

渡江战役

1949 年 1 月，我们地方部队升级为主力部队。我在第三野战军第 8 兵团从事医务工作，参加了渡江战役。

我们在江阴渡江。江阴那时有 3 个军，一起渡的江。江阴对面的八圩港，有国民党的一个桥头堡。这个八圩港，当时驻守国民党 21 军 145 师。当时我们旅在八圩港。渡江的部队很多，命令八圩港国民党守军三天时间内投降。敌人没有办法，很快就投降了，一个副师长带了两个团直接跑了。

渡江战役真是声势浩大，全线部队也多。八圩港是最东边的一个据点。在这里渡江的是第 10 兵团，兵团司令员是叶飞。

我们渡江的那天是 4 月 21 号，晚上 9 点开始。整个长江枪声、炮声震天。当时我们有炮兵，有山炮。渡江的时候，解放军炮击，把江面封锁。

傅宗哲接受访谈

我们在江北，国民党在江南。渡江的时候，动员的船只很多。我们坐的船是从国民党缴获来的机帆船，不需要人划。当时我们部队没有这样的船，一条船大概能坐二十几个人。机帆船跑起来比较快，不像划船。

渡江战役中，我们看到支援前线的民工很多，不是部队派下来的。地方上有民工团、担架团等组织，分配到部队。这个不用部队找，他们主动支援。

渡江的时候，我们几乎没有晕船现象，大家都很兴奋。当时，情绪不一样啊，要打仗了，要过江了。

傅宗哲著作《永存的功勋》

我们旅部有电台，发电靠手摇，手摇有个天线，后来发电报。渡江的时候，摇机班 5 个人住在一间房子里头。不幸的是一个炮弹下来，摇机班班长被炸死了。

“紫石英”号事件

英国军舰“紫石英”号从上游南京过来，往下游跑到我们这里。它要逃跑，舰上的炮就拼命往我们这打。当时，我们根本就不知道它是“紫石英”号，不知道它从哪里来的。后来，新华社发了消息了，说是英国皇家海军的。它开始来的时候，是从我们阵地上过去的。实际上，我们部队十几号就到江边了。它开始进来的时候，我们是让它进来的，最先打它的是解放军 23 军。被炮轰后，它还不到南京呢，就不行了。

时　间：2015 年 9 月 9 日

地　点：总参干休所

采访人：黄晨、陈悦、孙鹏、符娟娟

整理人：杨学功

管恩哲

我们都做好了牺牲准备

管恩哲，时为第三野战军第 10 兵团第 23 军司号员

向长江进发

渡江的时候，我 15 岁，在第三野战军第 10 兵团第 23 军当司号员。我们的部队从泰兴过来，在那边练兵，学划船，学诱引，做好战斗准备。我们用 3 天时间准备干粮，把馒头蒸熟了以后贴成馒头干，大概每个人身上都能背 3 斤。馒头干做好以后，就向长江边进发。

出发之前军事动员，要求每个人做好准备，甚至牺牲的准备。

我们部队开到了竹子林。当时，老百姓给我们的不是现杀的猪，而是腌的猪。我头一次吃这个，要打仗了，打仗前一天都吃好的，我们都吃的香猪肉。到了晚上，我们吃的是大米饭，头一次吃了大米饭。大伙都不知道这个米是从哪来的，头一次吃嘛。我们以前在张北（地名）都吃小米，还有甜米，第一次吃大米饭特别高兴。

惊心动魄渡江

吃了饭以后，我们做准备。大概准备到了 9 点。那天是 4 月 21 号，晚上天特别阴，我们互相拉着前面的东西，紧紧地跟着往前走，稍微不注意就掉队了。掉队就不行了，会从稻田里面插到江汉道上去。当时，那些船放在小河沟里，就是从长江边开的一个汊口，都停在那里面。到那以后上船，上船之后把旧被套，还有站哨灯、炸药包都搬上去，做好了准备。拿被套是什么意思呢，是在船打漏了以后可以堵住缺口。天阴得特别厉害，一点月光都没有，近距离也看不到对方。

当时，每条船前面有一个小红灯，就怕互相撞船。咱们船比较多嘛，一看到红

管恩哲接受访谈

灯，就是我们的船，不会撞上去，我们大概在船上待了有将近一个小时。

开始半个小时，大伙开始找船壁，什么背包啊，什么枪支弹药啊，都放船壁。到了后半小时，快到8点半的时候，我们的炮弹万炮齐放，好像大年三十过年一样，噼里啪啦，打了半个小时。我们的炮也打，国民党的炮也打，互相都打。接着，我们就吹冲锋号了，吹号起航，我们就往前面开了。船往前开，把帆拉起来，拉起来正好迎着风，当时还有点风。拉起来以后，船往前走，速度还是比较快的。

当时在江中遇到情况了。国民党的船有的从对面开过来，虽然和我们的船离得比较远，但浪比较大，把我们的船都带偏了，必须要调整过来，不能让它带得太远，不然的话，我们就找不到对岸的目标了。很快，船就被调整过来了。将近靠岸的时候，船也开不动了，被东西挡住了。挡着以后大家都跳水，跳下水继续往前冲，往岸上爬。上岸后，炮弹还是不时地落下。那会儿江南好多地方都是湿漉漉的，泥巴很多。我们趴在岸上，有些炮弹落在我们前面爆炸，我们知道是国民党打的。

渡江这一晚，老天帮忙，一晚上阴天，不冷不热的。当时好多同志的鞋子掉了，泥巴太稀，拔了就掉了，到老乡那里也买不着。后来我们行军，都背着布鞋。

我对这一仗有特别印象，好像打了30多分钟。好多人都睡着了，因为行军一天都没有休息。尽管外边声音那么大，很多人却像睡了一觉一样，最后才吹号冲锋，好像当时也没有感到特别害怕。我们都准备好了与敌人搏斗，不怕了，也不觉得什么苦累。

猛追残敌

渡江结束后，后边的部队冲了上去。他们一直往前冲，有冲锋班、突击班，我们跟在后面匍匐前进。大概跑了有100多米以后，敌人就溃逃了，我们跟在后面追，一直从晚上10点多钟追到天亮。

天亮以后，我们看到前边有小村庄，老百姓都关着门。部队说可以休息一下，我们靠墙边，赶快休息一下，吃点东西。馒头干都比较硬，嘴又比较干，吃不下去，想跟老百姓要点水喝。我们悄悄地敲下门，老乡开门，跟他们要点凉水喝。老乡拿出凉水来，给我们吃馒头干时喝。不到30分钟，我们就吃完了，吃完了得赶快往前走、往前追。一路上都是国民党丢的军毯、背包，还有好多死人，路两旁都是。

到了溧水，国民党的炮在城墙内外刚架好，炮弹放在那，还没有打就跑了。后来我们的部队接到任务，主要是管理俘虏，抓到俘虏就编队，把他们押起来。后来一直追到过了溧水以后，又往前走了2个多小时。

某部创造的推进桨速度比一般船快

那会儿才知道了什么叫兵败如山倒。一路基本上都是国民党的尸体啊，乱七八糟的，我们也有牺牲的。我们旁边一个班的船被国民党的炮弹打中了，船都碎了。当时我们还把受伤的同志拉到我们船上来，有些人找不到了，有的会游泳。因为那会儿好多都是边防战士，还没有学会游泳，所以有好多人都牺牲了。我们班上船的一共 12 个人，那条船上的八九个人，有七八个找不到了。

解放杭州、上海

渡江以后，我们向杭州进发。

解放杭州的时候，我们先打下飞机场，在飞机场开了个联欢晚会。第二天，杭州解放。当时，我们也没怎么打，国民党部队都跑了。只是在郊区和市区外围打了打，市内都没有打。我们路过西湖的时候，头一次看见岳飞像。那里没有人打扫，也没人管理了。到杭州市里，看到马路旁边摆了好多很漂亮的红桶，实际上是马桶。我们边防战士都不知道。部长也闹了个笑话，以为是盛东西用的桶。到杭州待了一个月，我们又解放了上海。

军民鱼水情

我们一路上到哪个地方，老百姓都叫我们到屋里去，但我们都没去屋里坐。要下雨，没办法了才去。老百姓对我们好，把最好的屋让给我们，的确很热情。我们要凉水喝，他们不给我们凉水，给我们喝热水。水太热了，来不及，喝不了，我们就得走了。老百姓特别支持我们，特别热情。

进上海、杭州这些城市，我们都发了《入城守则》。发了以后，在杭州的时候每人都背了，一共 8 条，每个人从头到尾都会背。在行军的时候，有的人还把《入城守则》放在背包上，后面的人可以看着背。我们到城市里头，没有违反纪律。

刚来的时候，老百姓请我吃饭，我点了个凉皮，点一碗蒜头，其他什么都不点。我在农村的时候，有时借点老百姓的棉布，把棉布拿下来当打铺用。到城市以后就不准了。城市里面一律不准拿老百姓的棉布打铺，直接睡在地上。弄点草铺一铺，全部睡在地上。

练兵与动员

渡江前两天，好多人有些不适应。开会的时候，有人报告说：我不会游泳，上渔船后掉到水里怎么办，掉到水里去，那就喂鱼了。这就是说思想上还有点顾虑。

当时，北方士兵每天晚上都练游泳，在泰州河道里边练，练了一个多月，练在船上怎样打敌人、放炸药、射击。

国民党的海陆空一体防线，上级在动员的时候就跟我们说了。国民党有许多军舰，军舰那么大，我们的船一碰不就碎了么？上级说是这样的。但他又告诉我们，我们的炮一打，国民党的军舰也害怕。渡江之前我们备的炮挺多的，但我们渡江的过程中，没有遇到国民党的军舰。

渡江过程中，英国军舰“紫石英”号下午四五点钟在江里游弋。当时23军军长说不管怎么样，只要它在江里来回开就开炮轰它。在这个过程中，我们有团长牺牲了。

原先我们认为渡江的时候情况会很复杂，但晚上国民党飞机也没用上。我们还是比较顺利地过江了。江面上，全是我们的船，全是我们的小红灯。4月20号、21号，尽管国民党军队有一些抵抗，我们的炮弹、子弹也打得不少，但总体上我们遇到的阻力不是很大。

时　间：2015年7月14日
地　点：南京苜蓿园干休所
采访人：黄晨、陈悦、孙鹏、刘婉鑫
整理人：胡婧

滕希文

回忆渡江

滕希文，曾任南京军区后勤部126医院政委

在北方，我们八路军主要吃煎饼。1949年南下，在渡江之前开始吃大米。那个时候，我们部队人多，打饭是集体去打，吃饭的时候16个人用一个盘，自己没有帐篷。有时候为了改善生活，我们也会包饺子，包饺子要用大蒜，我们会到老百姓家里去借砸大蒜的蒜臼。战士年轻的都很能吃，一个月能吃超过几十斤粮食，超支了如果没有补充，我们就要自己想办法。渡江以后，我们到上海，学着家乡的办法，找野菜。采野菜回来以后，泡点豆子焖熟，上火烧开，把菜放在里面，放点小豆腐，用那个

4月21日，在仪征至江阴一线，人民解放军东路军千百艘船直驶南岸

滕希文接受访谈

来补充，又充饥又下饭。

我们从北方过来，生活习惯和南方不一样，不一样就不了解，语言、风俗习惯都不太通，也闹出过笑话。南方过去都用马桶大小便，马桶外面漆得很好，但它不像现在的抽水马桶。我们战士不懂，看到它漆得好，以为是盛东西用的。所以，部队走到哪都要了解当地的民情风俗。

后续部队顺利渡江

渡江前，我们统一学游泳，在部队自己学。我们在水塘训练，首先要检查有没有血吸虫，然后到塘里去自己学着游。上船的时候，先上的后下，后上的先下，乘船的顺序，基本的要懂，不懂的话就乱了套了。因为部队战士比较听话，上级下达了指示，都会照着去办。

我们是后续部队，不是先头部队，在渡江时没有遇到什么困难，比较顺利。我们坐的是木船，小木船上去后，用桨划过去。渡江的时候，我们都是穿戴武装整齐的，但不像第一批队，要带上机枪，做好和敌人搏斗的准备。我们穿得很轻松，都很轻松地渡江。但是在渡江的过程中，船上还是发生了很多事情，比如船上人多，有人掉到江里去，这些我都看到的，掉到江里的，要捞上去。

部队纪律严明

部队的纪律很严，之前都进行过教育，不能违反群众纪律，不能损害群众利益，损坏了东西要赔偿。部队调走以后，还会留下清查小组，老百姓家里凡是住过的都要去调查、征求意见，看有没有损坏东西，有损坏的要赔偿，这个是比较严的。渡江以后，不准我们买东西，那时候我们连人民币用法都不知道，老百姓也不知道。到上海郊区的时候，我们看卖的大包子很诱人，我们也馋得慌，但不能随便买，这是军队纪律，十二条规定、约法八章。部队跟老百姓借东西，也都是有规定的。

编后记

1949年4月，中国人民解放军百万雄师横渡长江，取得了渡江战役的伟大胜利，并解放了南京城，进而为全国的顺利解放奠定了坚实基础。2019年是中华人民共和国成立70周年，也是渡江战役胜利暨南京解放70周年。为了更好地讴歌党、讴歌祖国、讴歌人民、讴歌英雄，更好地开发好、利用好“渡江精神”，赋予革命文化资源时代新意，积极发挥红色文化教育人、引导人、激励人的作用，我们筛选、整理、编排馆藏的20余位渡江老兵的录音和影像资料，最终形成了这本《渡江战役亲历者口述史》。

本书展现了渡江战役的宏大场景和历史细节，弘扬了伟大的渡江精神，歌颂了战役期间感人的军民之情、战友之情，是一部十分有价值的口述资料，为渡江战役历史的深入研究提供了许多新的材料。在本书出版之际，我们首先要向诸位渡江老前辈致以崇高的敬意，感谢他们为中华人民共和国的诞生建立的不朽功勋。我们还要感谢多年来参与渡江战役口述采访的诸位同仁，他们不辞辛苦，无论寒暑，常年奋战在第一线，为后人保存下这段珍贵的历史。其中，钱文胜、黄晨、孙鹏、陈悦、符娟娟、宗旸、薛倩、封丽、史慧倩、周树林、骆佰松、许俊、刘婉鑫、崔灿参加了前期口述史的采访工作，吴小宝、宗旸、孙鹏、杨学功、沈利成、胡彤、高小雅、郭舒姝、胡婧参加了口述史的编辑和整理。钱振勤教授百忙之中为本书作序，使得本书增色不少。南京出版社编辑们的辛勤付出，使本书能够在时间紧迫的情况下得以顺利出版。在此，我们一并致以谢意。

由于部分访谈时间久远，加之编者水平有限，本书不可避免地存在一些谬误，敬请读者批评指正。由于种种原因，部分口述者未能及时联系上，敬请见书后及时与本馆联系，以便支付稿酬。由此带来的不便，我们深表歉意。

渡江胜利纪念馆

图书在版编目（CIP）数据

渡江战役亲历者口述史 / 渡江胜利纪念馆编. -- 南京：南京出版社, 2019.4

ISBN 978-7-5533-2563-7

Ⅰ.①渡… Ⅱ.①渡… Ⅲ.①渡江战役(1949) - 史料 Ⅳ.①E297.43

中国版本图书馆CIP数据核字（2019）第066557号

书　　名：渡江战役亲历者口述史

编　　者：渡江胜利纪念馆

出版发行：南京出版传媒集团

南 京 出 版 社

社址：南京市太平门街53号　　邮编：210016

网址：http://www.njcbs.cn　　电子信箱：njcbs1988@163.com

天猫1店：https://njcbcmjtts.tmall.com/　　天猫2店：https://nanjingchubanshets.tmall.com/

联系电话：025-83283893、83283864（营销）　025-83112257（编务）

出 版 人：项晓宁

出 品 人：卢海鸣

责任编辑：徐　智

装帧设计：王　俊

封面摄影：邹健东

责任印制：杨福彬

排　　版：南京新华丰制版有限公司

印　　刷：南京新世纪联盟印务有限公司

开　　本：787毫米×1092毫米　1/16

印　　张：8.25

字　　数：124千字

版　　次：2019年4月第1版

印　　次：2019年4月第1次印刷

书　　号：ISBN 978-7-5533-2563-7

定　　价：28.00元

天猫1店　　天猫2店